高等教育教学研究丛书

数字化转型背景下
科技信息化管理创新

苏 婕 李 娜 著

·郑州·

图书在版编目(CIP)数据

数字化转型背景下科技信息化管理创新 / 苏婕，李娜著. -- 郑州：河南大学出版社，2025.3. -- ISBN 978-7-5649-6272-2

Ⅰ.F204

中国国家版本馆 CIP 数据核字第 2025MA4622 号

数字化转型背景下科技信息化管理创新
SHUZIHUA ZHUANXING BEIJING XIA KEJI XINXIHUA GUANLI CHUANGXIN

责任编辑	林方丽　韩　璐
责任校对	郑华峰
封面设计	张田田

出版发行	河南大学出版社
	地址：郑州市郑东新区商务外环中华大厦 2401 号　邮编：450046
	电话：0371-86059715（高等教育与职业教育分公司）
	0371-86059701（营销部）
	网址：hupress.henu.edu.cn
印　刷	郑州尚品数码快印有限公司
版　次	2025 年 3 月第 1 版　　　印　次　2025 年 3 月第 1 次印刷
开　本	710 mm×1010 mm　1/16　　印　张　7.75
字　数	122 千字　　　　　　　　　定　价　45.00 元

本书如有印装质量问题，请与本社联系调换。

前　言

在当今这个日新月异的数字时代，数字化转型已成为推动各行各业发展的核心引擎，它不仅重塑了企业的运营模式，还深刻影响了社会经济结构的每一个角落。随着云计算、大数据、人工智能、物联网等前沿技术的蓬勃发展，科技信息化管理创新不再仅仅是技术层面的迭代升级，而是成为企业战略转型、效能提升与竞争优势构建的关键路径。

在数字化转型背景下，科技信息化管理创新意味着企业需打破传统管理模式的束缚，将先进的信息技术深度融合到产品设计、生产流程、客户服务、供应链管理乃至整个组织文化中，以实现数据的无缝流动、资源的优化配置和决策的科学制定。

本书从数字化转型与科技信息化管理概述入手，对数字化转型背景下科技信息化管理的组织架构、数字化转型背景下科技信息化管理的流程优化与创新进行了全面探讨，并结合实践对数字化转型背景下科技信息化管理的技术创新进行了详细阐述。希望通过本书的介绍，能够为读者在数字化转型背景下科技信息化管理创新方面提供帮助。

本书在撰写过程中参阅了大量相同领域的文献，在此向这些作品的作者表示衷心感谢。由于时间仓促，书中难免存在疏漏，不足之处恳请读者批评指正。

著　者

2024 年 12 月

目 录

第一章　数字化转型与科技信息化管理概述 ………………………… 1
第一节　数字化转型的基本概念与特征 ………………………… 1
第二节　科技信息化管理的核心要素 …………………………… 11
第三节　数字化转型对科技信息化管理的影响 ………………… 23

第二章　数字化转型背景下科技信息化管理的组织架构 …………… 32
第一节　扁平化组织架构的探索 ………………………………… 32
第二节　矩阵式组织架构的应用 ………………………………… 39
第三节　网络化组织架构的创新 ………………………………… 46

第三章　数字化转型背景下科技信息化管理的流程优化与创新 …… 58
第一节　科技研发管理流程的优化与创新 ……………………… 58
第二节　科技项目管理流程的优化与创新 ……………………… 67
第三节　科技成果转化管理流程的优化与创新 ………………… 73
第四节　科技资源管理流程的优化与创新 ……………………… 81

第四章　数字化转型背景下科技信息化管理的技术创新 …………… 91
第一节　大数据技术在科技信息化管理中的应用 ……………… 91
第二节　人工智能技术在科技信息化管理中的应用 …………… 99
第三节　区块链技术在科技信息化管理中的应用 ……………… 108

参考文献 …………………………………………………………………… 117

第一章 数字化转型与科技信息化管理概述

第一节 数字化转型的基本概念与特征

一、数字化转型的定义与内涵

(一)定义解析

数字化转型的核心是将传统业务流程和模式进行数字化改造,以提高效率和创新能力。数字化转型强调数据驱动决策,通过分析和利用数据资源来优化业务流程,实现更高效的运营。企业在这个过程中,需要进行技术、文化和组织结构的全面创新,以适应快速变化的市场环境。灵活应变的能力成为企业在数字化转型中取得成功的关键因素。此外,数字化转型不是为了短期的技术更新,而是为了获得可持续的竞争优势,确保企业在未来的市场中保持领先地位。

(二)内涵要素

数字化转型作为现代企业发展的重要战略,其内涵要素不仅包括技术的应用,还包括组织文化、业务流程及管理理念的全面创新。数字化转型的核心在于通过数字技术的应用,提高企业的运营效率和创新能力,从而在竞争激烈的市场中占据有利地位。在这个过程中,数据成了关键的战略资源,能否有效地采集、存储、分析和利用数据,直接影响着数字化转型的成败。此外,数字化转型要求企业具备快速响应市场变化的能力,这需要组织结构的灵活性和员工的数字化技能的提升。

数字化转型的内涵要素体现为技术、数据、流程和文化的协同发展。技术是数字化转型的驱动力,云计算、人工智能、大数据等新兴技术的应用,为企业提供了强大的工具支持。数据作为企业的重要资产,其治理与管理能力决定了企业能否实现数据价值转化。业务流程的优化和再造是数字化转型的核心任务,通过流程的数字化和自动化,企业能够提升效率和降低成本。企业文化的重塑是数字化转型成功的保障,开放、创新、协作的文化氛围能够激发员工的创造力和积极性,推动企业不断向前发展。

数据治理与管理是数字化转型中的重要环节,其目标是确保数据的质量、完整性和安全性。有效的数据治理策略能够帮助企业建立统一的数据标准和流程,确保数据在不同部门之间的共享和协作。数据管理则涉及数据的采集、存储、分析和应用等环节,通过建立健全数据管理体系,企业能够提高数据的可用性和可靠性,以支持业务决策和创新。

数字化转型对企业文化的影响是深远的,它不仅改变了企业的运营模式,也对员工的思维方式和行为习惯提出了新的要求。在数字化环境下,企业文化需要更加开放和包容,以适应快速变化的市场环境和技术发展趋势。传统的等级制度和僵化的管理模式逐渐被扁平化和灵活的组织结构所取代,鼓励创新和冒险精神成为企业文化的重要组成部分。此外,数字化转型还促进了跨部门的协作与信息共享,打破了信息孤岛,形成了更加紧密的团队合作关系。这种文化的重塑不仅提高了企业的竞争力,也增强了员工的归属感和满意度。

二、数字化转型的背景与驱动力

(一)全球信息化发展趋势

随着信息技术的不断进步,全球信息化进程正在加速,这一趋势不仅影响着企业的运营模式,也在重塑各个行业的竞争格局。全球数字经济的快速增长推动了企业对数字化转型的迫切需求。数字经济的蓬勃发展,尤其是电子商务和在线服务的兴起,使企业必须重新审视其商业模式,以便在新的市场环境中保持竞争力。云计算和大数据技术的普及为企业提供了强大的数据处理与存储能力。这些技术的应用,使企业能够更高效地管理和分析数据,从而为决策提供更为精准的支持。通过云计算,企业可以灵活地扩展其信息技术基础设施,而大数据分析则为企业提供了洞察市场趋势和客户需求的工具。

移动互联网的广泛应用改变了用户的消费习惯,促使企业调整战略,以适应新环境。随着移动设备的普及,消费者的购物方式和信息获取方式都发生了根本性的变化。企业必须适应这种变化,通过开发移动应用和优化移动端用户体验来满足消费者的需求。此外,移动互联网还为企业提供了新的营销渠道和客户互动方式,使企业能够更直接地与消费者互动。人工智能和机器学习的进步为企业提供了决策智能化和流程自动化的可能性。通过应用这些技术,企业可以实现业务流程的自动化,提高运营效率,并利用智能化的数据分析工具做出更为精准的市场预测和战略决策。人工智能的应用不仅限于后台数据处理,还逐渐渗透到客户服务、产品设计等领域,为企业创造了新的价值。

全球竞争加剧促使企业必须通过数字化转型提升效率和创新能力,以保持市场优势。在全球化的背景下,企业面临着来自世界各地的竞争者,这种竞争压力要求企业不断创新和提高效率。数字化转型提供了一个有效的途径,通过技术创新和流程优化,企业可以在成本、速度和质量上取得优势,从而在激烈的市场竞争中脱颖而出。通过数字化转型,企业不仅能够提高自身的市场响应能力,还能更好地满足客户的个性化需求,增强客户忠诚度。在这个过程中,企业需要不断学习和适应新的技术和市场趋势,以确保其数字化转型的成功。

(二)企业竞争力提升需求

企业在当今快速变化的市场环境中,面临着日益激烈的竞争压力。企业需要通过数字化转型来提高运营效率,以应对市场变化和客户需求的快速变化。传统的运营模式往往难以快速适应市场的波动,而数字化转型则通过技术手段提升企业的敏捷性和响应速度,从而在市场竞争中占据优势地位。

通过数字化转型,企业能够提升创新能力,推动新产品和服务的开发,以满足不断变化的市场需求。数字化工具和平台为企业提供了更广阔的创新空间,使企业能够更快地将创意转化为市场产品。同时,数字化技术的应用使企业能够更好地进行市场预测和需求分析,从而在产品开发初期就能更准确地把握市场趋势和客户偏好。

数字化转型还使企业能够实现更精准的市场定位和客户分析,提升客户体验感和满意度。通过大数据分析和人工智能技术,企业可以深入挖掘客户行为和偏好,进而制定更具针对性的市场策略和客户服务方案。这种精准化的市场运营不仅提高了客户的忠诚度和满意度,也给企业带来了更多的市场机会和更大的增长空间。

数字化转型能够帮助企业优化资源配置,降低运营成本,从而提高整体竞争力。通过信息化手段,企业可以实现对资源的高效管理和调度,减少浪费和冗余。同时,自动化技术的应用使企业能够在降低人力成本的同时,提高生产效率和产品质量。资源的这种优化配置给企业带来了显著的成本优势,使其在价格竞争中更具竞争力。

数字化转型可以促进企业建立灵活的组织结构和敏捷的业务流程,以快速响应市场竞争和机遇。在数字化环境中,企业的组织结构更加扁平化,决策链条更短,从而能够快速响应市场变化。同时,敏捷的业务流程使企业能够迅速调整战略和战术,抓住市场机遇,实现持续发展。

(三)技术创新的推动作用

作为数字化转型的核心驱动力,技术创新不仅提高了企业的运营效率,还帮助企业在日益激烈的市场竞争中占据优势地位。通过不断引入和应用新技术,企业能够更快地适应市场变化,增强竞争力。新兴技术如人工智能和机器学习的应用,使企业能够实现更为精准的数据分析与决策支持。这些技术的引入不仅提高了企业的智能化水平,还为其提供了更准确的市场洞察和更有效的战略规划能力。

技术创新促进了企业在产品和服务上的快速迭代。企业通过技术创新能够更灵活地响应市场需求的变化,快速推出符合消费者需求的新产品和服务。这种快速迭代能力使企业能够在市场中保持竞争优势,同时为消费者提供了更多的选择和更好的用户体验。技术创新的这种灵活性和适应性是企业在数字化经济时代保持活力和竞争力的关键。

通过技术创新,企业能够实现自动化流程,降低人工成本,提高工作效率,从而优化资源配置。自动化技术的应用不仅降低了人为操作的错误率,还提高了生产和服务的效率,使企业能够更有效地利用其资源。这种优化资源配置的能力使企业能够在降低成本的同时提高产出,进而提升整体的经济效益和市场竞争力。

技术创新为企业提供了新的商业模式和市场机会。在数字经济时代,企业通过技术创新能够探索出新的商业模式,如平台经济、共享经济等,这些新模式为企业开辟了新的增长空间和盈利渠道。此外,技术创新也推动了企业在全球市场中的拓展,帮助其实现可持续发展。企业通过技术创新不仅能够在现有市场中巩固地位,还能在新兴市场中抓住机遇,实现更广泛的市场覆盖和更长远的发展。

三、数字化转型的主要特征

(一)数据驱动决策

数据驱动决策强调通过实时数据分析来支持企业的战略制定,提高决策的科学性和准确性。在现代商业环境中,企业面临着快速变化的市场和复杂的竞争格局,传统的经验决策方式难以应对这些挑战。数据驱动决策通过整合多源数据,利用先进的分析工具和技术,帮助企业快速识别市场趋势和客户需求的变化。这种决策方式不仅提升了企业的反应速度,还提高了决策的精准性,从而增强了企业的竞争力。

数据驱动决策还促进了跨部门的信息共享与协作,实现资源的最佳配置。在传统企业中,各部门往往存在信息壁垒,导致决策过程缓慢且效率低下。通过数据驱动决策,企业能够实现信息的实时共享,各部门之间的协同合作更加顺畅。这种协作不仅提高了企业内部的资源利用效率,还增强了整体的运营效能,使企业能够在竞争激烈的市场中保持优势。

(二)流程优化与自动化

流程优化指通过数字化工具的应用,能够实现业务环节的无缝衔接,减少手动操作和人为错误,从而提高整体效率。这种优化不仅是对现有流程的改进,也是对企业管理模式的创新。在数字化背景下,企业可以通过数据分析和智能算法,精准识别流程中的低效环节,并进行针对性改进。这种系统化的优化过程使企业能够在激烈的市场竞争中保持高效运作,提升客户满意度和市场响应速度。

自动化技术的应用进一步推动了流程的高效化。通过自动化,企业能够快速处理重复性任务,释放人力资源,使其能够专注于更具创造性和战略性的工作。自动化不仅提高了工作效率,还降低了人为错误的风险,确保了业务流程的稳定性和可靠性。随着人工智能和机器学习技术的发展,自动化在企业中的应用范围已从简单的重复性任务,延伸至复杂的数据分析和决策支持。这样的技术进步为企业的创新和发展提供了新的动能。

流程优化与自动化赋予企业实时监控业务流程的能力,企业可以及时识别瓶颈和问题,从而进行快速调整和改进。这种实时监控和反馈机制,使企业能够在问题发生的初期阶段就加以解决,避免了问题的扩大化和复杂化。通过这种动态的管理方式,企业能够保持高效的运营状态,并不断优化业务流程。同时,这为企业提供了更强的适应复杂多变的市场环境的能力和竞争优势。

通过建立智能化的工作流程,企业能够大幅度提升响应速度,提升对市场变化的适应能力,保持竞争优势。智能化的工作流程不仅使企业内部协作更加高效,也使企业能够更敏捷地响应外部市场的变化。借助大数据分析和智能化决策支持系统,企业能够快速调整市场策略和运营模式,以应对不断变化的市场需求和竞争压力。

(三)以客户体验为中心

通过以客户体验为中心的理念,企业能够更好地满足市场需求,提升竞争力。客户体验驱动的产品和服务设计强调根据用户反馈和需求不断地进行迭代和改进。这种方法不仅能提高用户的满意度,还能增强客户的忠诚度。企业在产品开发过程中,需要密切关注用户的使用体验,及时调整产品功能和服务模式,以便更好地适应用户的期望和市场的变化。这种以客户为导向的创新模式,促使企业不断优化其产品和服务,从而在激烈的市场竞争中立于不败之地。

通过数据分析了解客户行为和偏好,是企业在数字化转型过程中获取竞争优势的关键。数据分析技术的应用,使企业能够深入洞察客户的真实需求和行为模式,从而制定个性化的营销策略。这种策略不仅能提升客户的参与感和互动性,还能有效地增强客户与品牌之间的情感连接。通过精准的数据分析,企业可以在合适的时间向合适的客户提供合适的产品和服务,从而极大地提升了营销活动的效率和效果。个性化策略的实施,不仅能带来更高的客户满意度,还能显著提升企业的市场份额和品牌价值。

数字化渠道的广泛应用,使企业能够为客户提供无缝的服务体验。在数字化转型的背景下,客户期望能够在不同的接触点之间实现流畅过渡,而不被烦琐的流程所困扰。企业通过整合各类数字化渠道,如在线客服、移动应用和社交媒体等,确保客户在与企业互动的每一个环节都能获得一致且高质量的服务体验。这种无缝的客户服务体验,不仅提高了客户的满意度,也增强了客户的品牌忠诚度。通过优化客户接触点的服务流程,企业能够有效提升整体服务质量,从而在市场中树立良好的品牌形象。

建立客户反馈机制是数字化转型中不可或缺的一环。企业通过及时收集和分析用户意见,能够快速响应市场变化和客户需求。这种机制不仅有助于企业持续优化客户体验,还有助于企业识别潜在的市场机会和风险。通过对客户反馈的深入分析,企业可以更准确地调整其产品和服务策略,以适应不断变化的市场环境。客户反馈机制的有效运作,使企业能够在激烈的市场竞争中保持灵活性和创新能力,从而实现可持续发展。通过不断优化客户体验,企业不仅能提高客户满意度,还能在市场中获得更大的成功。

(四)灵活的组织架构

灵活的组织架构能够快速适应市场变化,显著增强企业的响应能力和创新能力。在数字化时代,市场环境变幻莫测,企业若要在竞争中保持优势,必须具备快速调整自身战略和运营方式的能力。灵活的组织架构通过优化资源配置和提高决策效率,使企业能够及时捕捉市场机会,推出创新产品和服务,从而在激烈的市场竞争中脱颖而出。

通过扁平化管理,企业可以减少层级,使决策过程更加高效,加快信息流动。传统的金字塔型组织结构往往存在信息传递缓慢、决策链条冗长的问题,而扁平化管理则通过减少管理层级,使信息能够更快速地在组织内传递。这不仅提高了决策的速度和质量,还提高了员工之间的沟通效率,为企业在数字化转型中赢得时间和效率优势提供了有力支持。

跨职能团队的建立是灵活组织架构的重要方面,它促进了不同部门之间的协作与信息共享,提升了项目执行的效率和效果。在数字化转型背景下,项目往往需要多种专业技能和知识的融合,跨职能团队能够汇聚来自不同领域的专业人士,形成合力,共同解决复杂问题。这种协作模式不仅提高了项目的执行效率,也提升了创新成果的质量,为企业创造了更大的价值。

灵活的组织架构还支持远程工作和灵活办公模式,增强了员工的工作满意度和创造力。随着数字化工具和技术的普及,远程工作已经成为可能,这不仅有助于企业降低运营成本,还有助于企业吸引和留住优秀人才。灵活的办公模式使员工能够根据个人需求和工作性质选择合适的工作方式,从而提高工作效率和创新能力,最终推动企业在数字化转型中取得更大成功。

四、数字化转型的层次与阶段

(一)基础层:信息化普及

信息化普及是指在组织内广泛应用信息技术,以提高效率和竞争力的过程。信息化普及的基本定义强调了信息技术在现代企业中的关键角色,它不仅是一种技术工具,更是一种战略资源。通过信息化普及,企业能够实现更高效的资源配置和管理,从而在市场中获得竞争优势。信息化普及的重要性还体现在其对企业整体运营模式的深远影响,它为进一步的数字化转型奠定了坚实的基础。

信息化普及对企业内部管理流程的影响是显著的。传统的管理流程往往依赖手工操作和纸质文件,而信息化普及则通过引入自动化系统和数字化工具,极大地提高了工作效率和准确性。信息化系统能够自动化处理大量的数据,从而减少人为错误,提高决策的科学性和及时性。这种转变不仅简化了管理流程,还使企业能够更快速地响应市场变化和客户需求。

在数据收集与分析中,通过信息化技术,企业能够高效地收集和存储大量的业务数据,这些数据为企业的战略决策提供了重要的支持。信息化系统能够对收集的数据进行深入分析,帮助企业识别市场趋势、客户偏好和运营效率的提升空间。数据驱动的决策不仅提高了企业的竞争力,也为企业创新提供了新的机遇。

信息化普及有助于提升员工技能。随着信息技术的普及,员工需要掌握新的技能,以适应数字化工作环境。信息化培训和教育应成为企业人力资源管理的重要组成部分,以帮助员工提高数字素养和技术能力。这不仅提升了员工的个人职业发展空间,也增强了企业整体的技术实力和创新能力。

(二)深化层:系统集成与数据共享

系统集成被定义为将不同的业务系统无缝连接在一起的过程,其重要性体现在提高信息流动效率上。在现代企业中,各业务系统往往独立运行,导致了信息孤岛的形成,而通过系统集成,这些孤立的系统可以实现协同工作,形成一个统一的整体,从而提升了企业的运营效率和竞争力。系统集成不仅是技术上的连接,也是业务流程的重组与优化,通过这种整合,企业可以在数字化转型中更好地实现对资源的有效利用。

数据共享的机制与实践是深化层的另一个重要方面。通过技术手段,实现不同部门和系统间的数据共享,能够有效打破信息孤岛。这不仅包括技术层面的挑战,如数据格式的兼容性和数据传输的安全性,还包括组织文化和管理模式的创新。通过建立健全数据共享机制,企业可以实现信息的实时更新和动态获取,从而在激烈的市场竞争中保持敏捷性和前瞻性。数据共享不仅提高了信息的可获得性,还为企业的战略决策提供了坚实的数据支持。

系统集成与数据共享对决策支持的影响是显著的。通过整合数据资源,企业可以提升决策能力和响应速度。在数据驱动的时代,决策的准确性和及时性直接影响企业的生存和发展。通过系统集成,企业能够获取全面且准确的数据视图,进而进行深入的分析和预测。这种数据驱动的决策模式,使企业能够快速响应市场变化,抓住新的商业机会,同时规避潜在风险。

系统集成与数据共享对企业创新能力的促进作用显而易见。通过优化信息流与资源配置,企业能够更快地开发出新产品和服务。信息的高效流动使企业能够更好地洞察市场需求和技术趋势,从而在产品开发和创新中占据主动地位。此外,系统集成与数据共享还促进了跨部门的协作和知识共享,为企业的持续创新提供了源源不断的动力。

(三)高级层:智能决策与创新服务

智能决策系统的构建与实施是高级层的关键任务。通过利用人工智能和大数据分析技术,企业可以提升决策的科学性和实时性。这个过程不仅依赖技术的进步,还需要深刻理解业务需求和市场动态。大数据分析能够提供全面的市场信息,使决策者能够在瞬息万变的商业环境中保持竞争优势。此外,智能决策系统还可以通过机器学习算法不断自我优化,提高决策的精准度和效率。

智能决策系统的构建需要整合多种技术手段,人工智能与大数据分析是其中的核心。通过构建复杂的算法模型,企业能够从海量数据中提取有价值的信息,支持决策过程的科学性与实时性。大数据分析技术使企业能够实时获取市场变化信息,并迅速调整战略方向。同时,人工智能技术的应用使企业能够自动化处理决策过程中的复杂计算,减少人为干预,提高决策效率。智能决策系统的成功实施不仅依赖技术,还需要企业文化的支持和管理层的战略眼光。

在数字化转型的背景下,创新服务模式的探索成为企业提升竞争力的重要途径。通过数字化手段,企业可以重塑客户服务流程,从而提高客户满意度与忠诚度。数字化技术的应用使企业能够提供个性化的服务体验,满足客户的多样化需求。通过数据分析,企业可以深入了解客户行为和偏好,从而在服务过程中提供更具针对性的解决方案。此外,数字化手段还可以提高客户服务的响应速度和效率,增强客户与企业之间的互动,进而提升客户的忠诚度。

智能化产品开发与迭代是数字化转型高级层的重要组成部分。通过结合用户反馈与数据分析,企业能够快速响应市场需求,推动产品的持续创新。用户反馈为企业提供了直接的市场信息,而数据分析则帮助企业从中提炼出有价值的信息。通过这种方式,企业可以在产品开发过程中不断优化产品功能和用户体验。此外,智能化工具的应用使企业能够在产品迭代过程中快速试错,降低创新风险,提高产品的市场适应性。

第二节　科技信息化管理的核心要素

一、信息化基础设施建设

(一)网络架构设计

在数字化转型的背景下,企业需要设计一个能够支持其业务需求的网络架构，以便在激烈的市场竞争中保持优势。网络架构是一个综合考虑企业发展战略、业务流程和技术趋势的系统工程。通过合理的网络架构设计，企业能够实现高效的数据流动和信息共享，进而提高整体运营效率。

在网络架构设计中，遵循可扩展性、灵活性和安全性原则是确保系统能够适应企业不断变化需求的关键。可扩展性要求网络架构能够在业务增长时轻松扩展，而不需要大规模的重构。灵活性则强调系统能够快速响应外部环境的变化和内部业务流程的调整。安全性是网络架构设计中的重中之重，可确保企业信息和数据在传输和存储过程中不受威胁。通过这些原则的指导，企业可以构建一个稳健且持久的网络架构。

数据中心布局是网络架构设计中的关键环节，直接影响数据处理效率和系统的可靠性。在中心化与分布式架构之间找到平衡是设计的核心挑战。中心化架构可以集中资源，提高管理效率，但可能导致单点故障风险。分布式架构通过将资源分散到多个节点，提高了系统的冗余备份能力和故障恢复能力。在网络架构设计中，合理配置数据中心布局，能够有效提升企业的数据处理能力和系统的整体稳定性。

云服务集成是现代网络架构设计中的重要组成部分，通过云计算技术，企业可以实现资源的动态分配和高效利用。云计算提供了可扩展的计算资源，使企业能够根据需求灵活调整资源配置，避免资源浪费。同时，云服务的集成可以简化信息技术管理流程，提高系统的响应速度和可靠性。在网络架构设计中，云服务的合理利用可以显著提升企业的运营效率和市场竞争力。

网络安全措施是网络架构设计中不可或缺的一部分，其重要性随着数字化转型的深入而不断提升。防火墙、入侵检测系统和数据加密等技术是保护企业信息安全的基本手段。防火墙可以有效阻止未经授权的访问，入侵检测系统能够及时发现潜在的安全威胁，而数据加密则确保了信息在传输和存储过程中的机密性。在网络架构设计中，综合运用这些安全技术，能够为企业的信息安全提供坚实的保障。

网络架构设计的监控与管理策略是确保系统稳定运行的重要保障。通过网络监控工具,企业可以实时跟踪网络性能,及时发现并解决潜在故障。监控工具能够提供详尽的网络流量分析和性能报告,帮助管理者做出明智的决策。在网络架构设计中,建立有效的监控与管理策略,不仅能提高系统的稳定性和可靠性,还能为企业的长远发展奠定坚实的基础。

(二)数据中心建设

数据中心建设直接影响科技信息化管理的有效性和稳定性。

1. 数据中心的选址与布局策略

地理位置不仅影响数据的安全性,还影响业务的连续性。选择一个合适的地理位置可以有效降低自然灾害和人为事故的风险,从而提高数据中心的可靠性和可用性。此外,合理的布局策略能够优化网络连接和数据传输效率,进一步保障信息的快速响应与处理能力。

2. 能源管理与可持续性

随着全球对环境保护的关注不断增加,如何通过绿色技术和高效设备降低能耗与环境影响成为数据中心运营者必须面对的挑战。采用可再生能源、优化冷却系统及使用节能设备等措施,不仅能减少碳足迹,还能显著降低运营成本。这种可持续发展的策略不仅符合当前的环保趋势,也为数据中心的长远发展奠定了基础。

3. 灾难恢复与备份策略

有效的应急预案是确保数据安全与业务恢复能力的关键。通过制订完善的灾难恢复计划,数据中心能够在突发事件中迅速恢复功能,确保业务的连续性和数据的完整性。定期演练和更新备份策略可以提高应急响应的速度和准确性,减少突发事件对业务的影响。

4. 监控与管理系统

智能化监控工具能够实现对设备性能和环境的实时监测与优化管理。这不仅能及时发现和解决潜在问题，还能通过数据分析优化资源配置，提高数据中心的整体效率。通过先进的监控技术，运营者可以实现对数据中心的精细化管理，从而提升其稳定性和可靠性。

（三）云计算平台部署

云计算平台的架构设计与实施要求企业根据自身的业务需求，选择合适的云服务模型，如 IaaS (Infrastructure as a Service, 基础设施即服务)、PaaS (Platform as a Service, 平台即服务) 和 SaaS (Software as a Service, 软件即服务)。云服务模型的选择不仅影响资源的高效利用，还决定了企业在未来扩展和创新中的灵活性。通过合理的架构设计，企业可以实现资源的动态分配和优化，确保在不同的业务场景下都能高效运行。

云计算平台的安全策略与合规性是至关重要的方面。在云环境中，数据的安全性和合规性直接关系企业的声誉和法律风险。通过身份验证、数据加密和访问控制等措施，企业可以确保其数据在云环境中的安全性。此外，合规性要求企业在数据处理和存储过程中遵循相关法律规定，这不仅是对客户的承诺，也是企业自身可持续发展的保障。

对于云计算平台的资源管理与监控，企业需要借助自动化工具和监控系统实现对云资源的动态管理和性能优化。通过这些工具，企业可以实时监控资源的使用情况，及时发现和解决潜在问题。这种动态管理不仅能提高资源的利用效率，还能通过性能优化丰富用户体验，进而提升企业的竞争力。

云计算平台的成本控制与优化策略是企业在使用云服务时必须面对的挑战。合理的资源配置和使用策略可以显著降低云服务的运营成本，从而提高投资回报率。企业可以通过分析资源使用模式，调整资源配置，选择合适的定价策略，实现资源的最大化利用。在此过程中，企业还需要不断评估和优化其云计算策略,以适应不断变化的市场需求。

云计算平台的灾难恢复与业务连续性规划是保障企业在突发事件中保持业务连续性的重要措施。制定有效的应急预案和备份方案,可以确保企业在遭遇自然灾害、技术故障或其他突发事件时,能够迅速恢复业务运营。通过定期演练和测试,企业可以不断完善其灾难恢复计划,确保在最关键的时刻能够有效应对各种挑战。

二、数据管理与分析能力

(一)数据采集与存储

有效的数据采集与存储不仅能够提供可靠的信息基础,还能提升企业的决策能力和运营效率。在数字化转型背景下,企业需要应对海量数据的挑战,合理设计数据采集与存储策略,以支持业务需求。

在数据采集的过程中,选择合适的方法至关重要。传感器技术广泛应用于物联网领域,能够实时监控和收集环境数据,为智能决策提供支持。应用程序编程接口则是现代软件系统中常见的数据交互方式,通过标准化协议实现不同系统间的数据交换,提升数据获取的效率和准确性。人工输入虽然相对传统,但在某些需要人工判断和干预的场景中仍然不可或缺。不同的数据采集方法各有优缺点,企业需要根据具体的业务需求和数据特性进行选择,以实现高效的数据获取和管理。

在数据存储技术的选择上,企业需要根据数据规模、访问频率和应用场景等因素进行综合考虑。关系型数据库以其成熟的技术和良好的数据一致性管理能力,适用于结构化数据的存储和复杂查询操作。非关系型数据库则因其高扩展性和灵活的数据模型,成为处理大规模非结构化数据的理想选择。云存储作为一种新兴的存储方式,提供了高可用性和弹性扩展的优势,能够有效降低企业的IT(信息技术)基础设施成本。然而,不同存储技术也存在各自的局限性,企业在选择时需权衡利弊,确保数据存储的高效性和安全性。

数据存储的安全性是科技信息化管理中的关键问题。为保障数据的安全性，企业需要采取多层次的安全措施。数据加密是保护数据隐私的重要手段，通过加密技术对存储数据进行保护，防止未经授权的访问和泄露。访问控制则是通过权限管理机制，限制用户对数据的访问权限，确保只有授权用户才能访问敏感数据。备份策略则是提高数据可靠性的重要措施，通过定期备份数据，防止因系统故障或人为错误导致的数据丢失，确保数据的完整性和可恢复性。

（二）数据清洗与处理

数据清洗是指通过一系列技术手段去除数据中的错误、重复和不一致之处，以提高数据质量。高质量的数据是确保分析和决策可靠性的基础，清洗过程直接影响后续分析结果的准确性和可信度。在数字化转型的背景下，数据清洗的重要性愈发突出，因为企业和组织需要依靠高质量的数据来驱动智能决策和创新。

数据清洗的常用技术包括去重、填补缺失值和异常值检测等。这些技术方法旨在确保数据的准确性和完整性，从而为数据分析提供坚实的基础。去重是指识别并删除数据集中重复的记录，以防止重复计算或错误分析。填补缺失值则通过合理的算法补全数据集中的空白，避免因数据不完整而导致的分析偏差。异常值检测则用于识别和处理数据集中偏离正常范围的值，以确保分析结果的可靠性。

自动化数据清洗工具的应用在提升数据清洗效率和准确性方面具有显著优势。随着机器学习和人工智能技术的发展，自动化工具能够快速识别和处理数据中的问题，减少人工干预，提高工作效率。这些工具不仅能够处理大规模数据，还能通过自学习能力不断优化清洗规则和策略，从而在复杂的数据环境中保持高效运作。

（三）数据分析工具应用

随着数字化转型的加速推进，各类数据分析工具被广泛应用于不同的业务场景中，以支持企业的决策制定与战略规划。数据分析工具种类繁多，包括商业智能工具、数据可视化工具、统计分析软件等。商业智能工具通常用于数据的深度分析和报告生成,帮助企业发现潜在的业务机会。数据可视化工具则通过直观的图形展示数据,便于用户快速理解复杂的信息。统计分析软件则专注于数据的统计处理与建模,适用于需要进行详细数据分析的场景。选择合适的分析工具需要综合考虑企业的具体需求、数据类型及分析目标。

实时数据分析的实现是科技信息化管理中的一大挑战。通过流处理技术和实时分析工具,企业能够对动态数据进行即时处理,从而在瞬息万变的市场环境中做出快速而准确的决策。流处理技术允许数据在传输过程中被处理,减少了数据处理的延迟,提高了决策的时效性和准确性。实时分析工具进一步提升了企业对市场变化的响应能力,帮助企业在竞争中保持优势。这种即时性的数据处理方式在金融、零售、制造等行业中尤为重要,能够显著提升业务的敏捷性与竞争力。

机器学习与数据挖掘技术的应用为企业提供了从海量数据中提取有价值信息的能力。通过构建算法模型,企业可以自动化地分析数据,识别模式和趋势,从而提升业务洞察力。机器学习技术能够自适应地优化模型,提高预测的准确性和效率。数据挖掘则专注于从大量的非结构化数据中发现潜在的关联和规律,为企业的战略决策提供新的视角。这些技术的应用,不仅提高了企业的运营效率,还为其在数字化转型过程中创造了新的商业价值。

数据可视化的重要性在于其能够将复杂的数据转化为易于理解的视觉信息,支持决策者的快速理解与反应。通过图表、仪表盘等形式,数据可视化工具能够将抽象的数据呈现在决策者面前,帮助他们迅速抓住关键信息,做出明智的决策。尤其是在处理大量数据时,数据可视化可以揭示数据之间的关系和趋势,提供直观的结论。

三、信息系统集成与互操作性

(一)系统接口标准化

系统接口标准化涉及为不同信息系统之间的互操作性和数据共享建立统一

规范的接口,这有助于促进信息流动和提升系统效率。通过标准化的接口,各个系统可以更为高效地进行数据交换,避免了由接口不兼容造成的信息孤岛现象。

制定统一的接口标准是实现系统接口标准化的核心步骤。这包括数据格式的统一、传输协议的标准化及通信方式的一致性。通过这些标准的制定,各系统之间能够实现顺畅的连接与信息流动,减少了因接口不一致而导致的沟通障碍。这种标准化不仅提升了系统间的互操作性,还为未来的信息系统扩展和升级奠定了基础。

接口标准化对系统集成的影响是显著的。标准化接口可以大幅度降低集成成本,减少因接口不兼容而导致的重复开发和资源浪费。此外,标准化接口还提高了项目实施的效率与成功率,使系统集成过程更加顺畅。历史演进的研究表明,标准化的接口能够缩短项目周期,提升项目的可控性和风险管理能力,从而给企业带来更大的经济效益和竞争优势。

接口标准化的实施策略需要考虑以下两方面的因素。一是建立跨部门的协作机制,这有助于在标准制定和实施过程中获得不同部门的支持与配合。二是定期评估标准的适用性,以适应业务需求的变化。只有通过持续评估和优化,接口标准化才能在快速变化的商业环境中保持其有效性和竞争力。这种动态的标准化策略能够确保企业在数字化转型过程中始终处于领先地位。

(二)数据交换协议

数据交换协议的基本作用在于确保不同信息系统之间能够实现高效且可靠的数据传输和共享。通过这些协议,企业和组织能够实现数据的无缝流动,从而增强业务的灵活性和响应速度。在科技信息化管理中,数据交换协议不仅是技术实现的基础,也是推动组织间协同与创新的重要工具。

常见的数据交换协议包括RESTful API、SOAP和MQTT等,每种协议都有其特点和适用场景。RESTful API以其轻量级和灵活性广泛应用于互联网应用中。SOAP协议则以其严格的标准和强大的功能适用于企业级应用,尤其是在安全性和事务处理要求较高的场景中。MQTT作为一种轻量级的发布及订阅消息传输协议,特别适合物联网环境中的设备通信。这些协议各有优劣,选择合适的协议类型是实现高效数据交换的关键。

在数据交换协议中,安全机制是一个不可忽视的重要方面。通过认证、授权和加密等手段,确保数据传输的安全性和完整性是至关重要的。认证机制确保数据发送者和接收者的身份合法,授权机制则控制数据的访问权限,而加密技术则在数据传输过程中提供保护,防止信息泄露和被窃取。这些安全措施共同构筑了一个可靠的数据交换环境,为信息系统的安全运行提供了保障。

数据交换协议的标准化进程是提升协议互操作性与兼容性的关键。通过制定行业标准,可以减少不同系统之间的兼容性问题,降低集成成本,提升系统的灵活性和可扩展性。标准化不仅有助于技术的普及和推广,还有助于促进行业的健康发展。在全球化的背景下,标准化进程也是实现国际合作与交流的重要基础,为跨国企业和组织提供了统一的技术框架。

(三) 应用集成平台

应用集成平台的功能主要体现在其作为不同应用系统之间的桥梁,极大地促进了数据流动与业务协同。它通过标准化的接口和协议,实现了异构系统之间的互操作性,确保了数据的准确性和一致性。应用集成平台不仅支持传统的批处理和文件传输,还支持实时的数据流动和消息传递,使企业能够及时响应市场变化和客户需求。这种数据流动的高效性和业务协同的灵活性,是现代企业信息化管理的核心要求。

应用集成平台的架构设计采用模块化设计原则,以实现灵活的系统集成,满足企业的多样化需求。模块化设计允许企业根据自身业务需求,灵活地增减功能模块,避免了传统系统集成中常见的高成本和长周期问题。通过松耦合的架构设计,应用集成平台能够适应不同规模和行业的企业,支持其快速响应市场变化。这种灵活性不仅提高了系统的可扩展性,还增强了企业的竞争力。

应用集成平台的 API(应用程序编程接口)管理是实现不同系统间高效数据交换与互操作性的关键。有效的 API 策略包括统一的 API 设计标准、完善的

API 文档及严格的 API 访问控制。通过这些策略，企业能够保证 API 的稳定性和安全性，减少系统集成的复杂性。API 管理不仅涉及技术层面的实现，还需要考虑业务层面的需求，确保数据交换的准确性和实时性，为企业的数字化转型提供强有力的支持。

应用集成平台的监控与管理是确保业务连续性的关键环节。实时监控集成过程中的数据流动与系统性能，可以及时发现并解决潜在的问题，避免对业务造成影响。通过先进的监控工具和技术，企业能够对系统的各个环节进行全面的监控和分析，确保数据的安全性和可靠性。有效的监控与管理不仅提高了系统的稳定性，还提升了企业对突发事件的应对能力，保障了业务的连续性与稳定性。

四、信息化人才培养与团队建设

（一）专业技能培训

通过系统化的专业技能培训，企业能够确保员工具备必要的知识和能力，以应对快速变化的技术环境。专业技能培训不仅包括对新技术的理解和应用，还包括对行业趋势的洞察和对预测能力的培养。通过这样的培训，员工不仅能够提升自身的技术水平，还能在实际工作中灵活运用这些技能，从而为企业创造更多的价值。

信息化管理工具的使用培训是提升员工工作效率和数据处理能力的重要环节。通过对常用软件和系统的深入培训，员工能够更好地掌握这些工具，从而提高日常工作的效率。信息化管理工具的使用不只是对软件功能的了解，更涉及如何在实际业务场景中应用这些工具，以实现对数据的高效处理和分析。这种培训能够帮助员工在处理复杂任务时快速找到解决方案，提升整体工作效率。

数据分析与可视化技能培训是培养员工业务洞察和决策支持能力的关键。通过掌握先进的数据分析工具，员工能够从大量数据中提取有价值的信息，并通过可视化手段直观地呈现这些信息。数据分析与可视化不仅能提高业务决策的准确性,还能提升员工对业务流程的理解和优化能力。通过这样的培训,员工能够在数据驱动的环境中做出更加明智的决策,推动企业的持续发展。

网络安全意识培训是增强员工信息安全和隐私保护意识的重要措施。在信息化程度不断加深的背景下,网络安全问题日益突出。通过网络安全意识培训,员工能够了解潜在的安全威胁和风险,掌握基本的安全防护知识。这种培训不仅能够减少人为错误和安全风险,还能提升整个组织的安全防护水平,为企业的信息安全保驾护航。

项目管理与协作技能培训是提升员工在数字化项目中协作能力和管理技巧的基础。通过这样的培训,员工能够更好地理解项目管理的基本原理和方法,掌握团队协作的技巧。在数字化项目中,良好的项目管理与协作能力是确保项目顺利推进的关键。通过项目管理与协作技能培训,员工能够在团队中发挥更大的作用,推动项目按时保质完成。

持续学习与创新能力培养是信息化人才发展的长远策略。在快速变化的技术环境中,持续学习和创新思维是保持竞争力的关键。通过鼓励员工学习新技术和方法,企业能够提升员工的适应能力和创新思维。持续学习不仅能够帮助员工及时更新自身的知识结构,还能激发他们的创造力和创新能力,给企业带来新的发展机遇。

(二)团队协作机制

团队协作机制有利于组织目标的实现。建立跨部门协作机制,可以有效地促进不同团队之间的沟通与信息共享。定期会议和工作坊是实现这一目标的重要手段,这些活动为团队提供了开放的环境,使团队成员能够分享他们的见解和经验,从而增强项目的协同效应。在这种机制下,各个团队不仅能够更好地理解彼此的工作,还能在共同目标的引领下,形成合力,推动项目的成功实施。

在团队协作中,实施敏捷项目管理方法能够有效提高团队的响应速度和适应变化的能力。敏捷方法强调快速迭代和持续反馈,使团队能够灵活应对市场需求的变化。这种方法不仅提高了项目的灵活性和适应性,还提高了团队的整体效率。

在敏捷管理的框架下,团队成员能够更快地识别和解决问题,确保项目能够在动态环境中顺利推进。敏捷方法的核心在于高效的沟通和协作,这与信息化管理的目标高度一致,即通过优化资源配置和流程管理,实现组织效益的最大化。

明确的角色与责任分配是团队协作成功的基础。清晰的角色和责任可以确保团队成员在协作过程中了解各自的任务与目标。这种清晰的分工不仅提高了执行力,还增强了团队成员的责任感。在一个高效的团队中,每位成员都知道自己的贡献如何影响整体目标的实现,这种责任感促使他们更加专注于自己的任务,并在必要时积极寻求与他人的协作。通过明确的角色与责任分配,团队能够更好地协调资源,实现更高效的运作。

(三)创新文化建设

创新文化建设需要从组织内部深度渗透,形成一种鼓励创新和持续改进的氛围。通过这种文化,企业能够更好地适应快速变化的市场环境和技术进步。

1. 营造开放的沟通环境

企业需要创造一个允许员工自由表达创意与想法的空间,促进创新思维的碰撞与交流。开放的沟通环境能够打破传统的等级壁垒,使不同层级的员工都能为创新贡献自己的智慧。这种环境不仅提升了员工的参与感和归属感,也给企业带来了多样化的创新思路和解决方案。

2. 建立创新激励机制

通过奖励和认可,企业可以激发员工的创新动力,鼓励他们在工作中不断寻求改进和突破。激励机制不仅包括物质奖励,还包括精神层面的认可,如在公司内部的表彰或晋升机会。这样的机制能够有效地提升团队的整体创新能力,使企业在激烈的市场竞争中保持活力。

3. 提供多样化的学习与发展机会

企业应支持员工参加外部培训、研讨会和行业交流,以拓宽他们的视野,提升他们的技能。通过不断学习,员工能够掌握最新的行业动态和技术趋势,从而给企业带来新的思考方式和创新方法。这种学习文化不仅有助于个人的职业发展,也有利于企业的创新。

4. 建立跨部门创新团队

跨部门创新团队的建立能够有效地整合多元化的观点与经验,推动创新项目的实施。不同背景和专业的员工在合作中可以相互学习,激发出更多的创新灵感。这种团队合作模式不仅提升了项目的成功率,也促进了企业内部的知识共享和协同效应。通过跨部门的合作,企业能够更好地应对复杂的业务挑战,实现创新目标。

5. 定期组织创新工作坊和头脑风暴活动

通过创新工作坊和头脑风暴活动,企业可以利用集体智慧探索新的解决方案和业务模式。创新工作坊和头脑风暴不仅能够激发员工的创新潜力,还能增强团队的凝聚力和合作精神。这些活动为员工提供了一个展示和检验创意的平台,使创新成为整个团队共同的追求。

第三节　数字化转型对科技信息化管理的影响

一、数字化转型对信息化管理模式的积极影响

(一) 管理模式从传统到现代的转变

传统的管理模式通常依赖固定的层级结构和线性的信息流动,现代管理模式则更加灵活和动态。数字化技术的广泛应用,使信息的获取和处理变得更加高效,管理者能够实时获取数据,进行精准分析和决策。这种转变不仅提高了组

织的响应速度,还增强了其竞争力。在数字化环境下,数据成为决策过程的核心要素,管理者必须具备数据分析能力,以支持战略决策的制定。

1. 管理模式的数字化驱动

数据在决策过程中的核心地位日益突出,企业通过大数据分析和人工智能技术,能够在海量信息中提取有价值的信息。这种数据驱动的管理模式,促进了实时信息的获取与分析,使企业能够快速响应市场变化和客户需求。这种模式的转变不仅提高了企业的决策效率,还增强了其市场竞争力。

2. 以人为中心转向以技术为核心

在数字化转型的背景下,管理模式逐渐从以人为中心转向以技术为核心。这种转变不仅体现在管理工具和方法的更新上,还反映在管理理念和管理文化的深层次创新中。技术的广泛应用使管理流程更加高效,自动化和智能化的管理工具减少了人工干预,提高了工作效率和准确性。通过技术的赋能,企业能够更快速地响应市场变化,满足客户的多样化需求。

3. 跨部门协作机制的建立

传统的管理模式往往存在信息孤岛,各部门间信息共享不畅,导致资源浪费和管理效率低下。数字化技术的应用打破了部门间的壁垒,实现了信息的高效整合与共享。通过建立跨部门的协作机制,企业能够更好地整合内部资源,提升整体运营效率。

4. 以客户为中心的管理理念

在数字化环境下,客户的需求和偏好变得更加多样化和个性化,企业必须通过数字化手段深入了解客户需求,提供个性化和定制化的产品与服务。这种以客户为中心的管理模式,不仅提升了客户体验,还增强了客户的忠诚度和满意度,从而为企业创造了更多的商业价值。

（二）数字化转型对管理效率的提升

通过实时数据分析，企业管理者能够迅速获取关键信息，从而减少决策时间。这种实时数据的应用不仅加快了信息传递速度，还提高了决策的精准性，使管理层能够在变化多端的市场环境中保持敏捷性。实时数据分析的引入意味着企业能够更快地适应市场变化，调整策略，保持竞争优势。这种高效的决策过程在一定程度上改变了传统管理模式，推动了企业管理效率的提升。

自动化流程的引入显著降低了人工操作的错误率，提升了管理工作的准确性和可靠性。自动化技术的应用使许多烦琐的手动操作得以简化，减少了人为失误的可能性。同时，自动化流程能够持续运行，确保了企业管理的连续性和稳定性。这种转变使企业能够更专注于战略性决策和创新活动，从而提高了整体管理效率。

数字化工具的应用极大地促进了信息流动，减少了部门间的沟通障碍，提升了整体协作效率。通过使用先进的数字化平台，各部门之间的信息共享更加便捷，沟通更加顺畅。这种无缝的信息交流使各部门能够更好地协同工作，快速响应业务需求。数字化工具不仅提高了信息共享的速度和准确性，还增强了团队合作的效果，为企业创造了更具凝聚力的工作环境。

数据驱动的管理模式使企业能够根据市场变化快速调整策略，增强了市场适应能力。通过对市场数据的深入分析，企业能够识别潜在的市场趋势和变化，从而及时调整经营策略。这种基于数据的管理方式使企业在面对市场波动时能够保持灵活性和前瞻性，有效减少了市场不确定性带来的风险，增强了企业的竞争力。

数字化转型推动了管理流程的透明化，使各级管理者能够实时监控业务进展，优化资源配置。通过数字化工具，管理者可以对企业的各项业务活动进行实时监控，识别潜在问题并及时采取措施。这种透明化的管理方式不仅提高了资源配置的效率，还增强了企业内部的信任和协作。实时监控的能力使管理者能够更有效地分配资源，确保企业的可持续发展。

(三)数字化转型对管理决策的支持

通过实时数据分析,数字化转型为管理决策提供了精准的依据。这个过程帮助管理者在面对复杂多变的市场环境时,能够迅速做出反应。实时数据分析不仅提高了决策的速度,还增强了决策的准确性,使企业在竞争激烈的市场中占据有利地位。数字化转型的实施,使管理者能够更好地理解市场动态,从而制定出更加符合实际情况的战略。

数据驱动的决策支持系统是数字化转型的核心组成部分之一。它通过整合各种信息资源,极大地提高了决策的全面性和科学性。传统的决策方式往往依赖管理者的经验和直觉,数据驱动的系统则通过量化分析,降低了主观判断的风险。这种系统的应用,使企业能够在决策过程中考虑更多的变量和因素,从而做出更加理性的选择。同时,这种系统给企业带来了新的管理理念,即通过数据分析来指导企业的运营和发展。

数字化工具的广泛应用,使决策过程更加透明化。管理者可以通过这些工具实时监控企业的关键指标,及时调整策略,以应对市场变化。这种透明化的决策过程,不仅提高了企业内部的信任度和透明度,也使管理者能够更好地预测市场趋势,提前做好准备。通过数字化工具,企业能够在市场竞争中保持灵活性和敏捷性,确保在变化的环境中始终处于领先地位。

构建智能决策模型是数字化转型中的重要环节。企业可以利用机器学习和数据挖掘技术,从历史数据中提取有价值的信息,以优化未来的决策。这些技术的应用,使企业能够更深入地了解自身的运营状况和市场环境,从而制定出更加有效的战略。智能决策模型不仅提高了企业的决策效率,还给企业带来了新的增长机会和创新空间。

二、数字化转型促进技术融合与创新

(一)云计算与大数据技术的应用

云计算技术为企业提供了灵活的资源管理能力,使企业能够根据需求动态调整计算和存储资源,从而有效降低 IT 成本。这种灵活性使企业能够在快速变化的市场环境中保持竞争力。此外,云计算的按需付费模式使企业能够更好地控制预算,避免资源浪费。

云计算环境下的数据安全措施与大数据技术相结合,能够确保数据在传输和存储过程中的安全性,提升企业的信息安全管理水平。企业在享受云计算和大数据带来的便利的同时,也面临着数据安全的挑战。通过先进的安全技术和策略,企业可以有效防范数据泄露和攻击,保障业务的连续性和稳定性。数据安全的提升不仅保护了企业的核心资产,也增强了客户对企业的信任。

大数据技术通过对海量数据的实时处理与分析,帮助企业快速识别市场趋势和客户需求,从而优化决策过程。企业通过大数据分析,可以从复杂的数据集中提取有价值的信息,支持战略决策的制定。大数据技术的应用使企业能够更加敏捷地响应市场变化。

利用大数据分析工具,企业能够实现精准的客户画像,推动个性化营销策略的实施,提升客户满意度。通过对客户行为和偏好的深入分析,企业可以制定更加符合客户需求的产品和服务策略,从而提高市场竞争力。个性化营销不仅提升了客户的满意度,还增加了客户的忠诚度,给企业带来可持续的竞争优势。

云计算与大数据的结合使数据存储和处理更加高效,企业可以在云平台上实现对数据的集中管理与分析,提升数据利用率。这种结合不仅提高了数据处理的速度和效率,还降低了数据管理的复杂性。通过云平台,企业能够实现跨地域的数据共享与协作,打破信息孤岛,促进企业内部和外部的协同工作。

(二)人工智能与物联网的集成

人工智能与物联网的集成不仅改变了传统的设备管理方式,还通过智能化的手段提升了设备的运行效率。通过实时监控和数据分析,企业能够更加精准地掌握设备的运行状态,从而优化资源配置,减少不必要的能源消耗。

在集成过程中,人工智能通过分析物联网设备收集的大量数据,实现了预测性维护。这种能力的提升极大地降低了设备的故障率和维护成本。通过对数据的深度挖掘,企业能够提前识别潜在的问题,采取预防措施,从而避免因设备故障导致的生产中断。此外,预测性维护还能够延长设备的使用寿命,减少设备更换的频率,为企业节约大量成本。

人工智能与物联网的结合使企业能够实现自动化响应,及时调整生产和服务流程,适应市场需求的变化。这种自动化响应能力使企业在面对市场波动时能够更加灵活和高效。通过对市场数据的实时分析,企业能够快速识别需求变化并调整生产计划,确保产品和服务能够及时满足客户的需求。这种灵活的生产和服务模式在全球化竞争中为企业提供了显著的优势。

通过集成,物联网设备能够与人工智能算法协同工作,提升数据处理速度和智能决策能力。企业在处理海量数据时,能够借助人工智能的强大计算能力,快速做出决策。这种智能决策能力不仅提高了企业的运营效率,还增强了企业在市场中的竞争力。企业能够在更短的时间内推出新产品和服务,满足客户的个性化需求。

人工智能与物联网的深度集成促进了新商业模式的形成,基于数据的服务模式和个性化产品的开发成为可能。企业能够通过对客户数据的深入分析,为其提供更加个性化的服务。这种新型商业模式不仅提升了客户满意度,还为企业创造了新的收入来源。在数字化转型的背景下,企业需要不断探索和创新,以保持在市场中的竞争优势。

(三)区块链与分布式账本技术的探索

区块链技术通过其透明的交易记录,为企业提供了可信的环境,显著增强了交易的信任度。这种透明性不仅降低了欺诈的风险,还为企业间的合作奠定了坚实的基础。通过不可篡改的记录,企业能够确保每一笔交易的真实性和完整性,从而在竞争激烈的市场中保持良好的信誉。

分布式账本技术通过支持多方数据共享,成功打破了数据孤岛的局限。这一特性促进了跨部门和跨企业的协作与信息流动,使各方能够在同一平台上进行数据的实时共享和分析,极大地提高了协作效率。随着信息流动性的增强,企业在决策过程中能够获得更加全面和准确的数据支持,从而做出更加科学的决策。

区块链的智能合约功能是其技术创新的一大亮点。智能合约能够自动执行合同条款,提高了业务流程的效率和准确性。这种自动化的特性减少了人为干预的必要性,降低了出错的概率,同时加速了业务的运转速度。企业可以通过智能合约实现复杂业务流程的自动化管理,从而在市场竞争中占据有利位置。

在供应链管理中,区块链技术的应用尤为突出。通过实现实时追踪和验证,区块链技术提升了供应链的透明度和可追溯性。供应链的各个环节都能够通过区块链进行有效监控,从而确保产品质量和来源的可靠性。这种透明性不仅能提高客户的信任度,还能帮助企业快速响应市场变化,优化供应链管理。

分布式账本技术的去中心化特性降低了对中介机构的依赖,简化了业务流程。通过消除中介环节,企业能够有效降低运营成本,提高整体运营效率。这一特性使企业在数字化转型过程中,能够更灵活地调整运营策略,以适应快速变化的市场环境。在去中心化的网络中,企业能够更加自主地进行业务运作,增强了市场竞争力。

三、数字化转型对信息化管理流程的优化

(一)数字化转型对流程标准化的推动

通过数字化手段,企业能够建立统一的标准和规范,这不仅提升了业务流程的可预测性,还增强了一致性。标准化流程的实施使企业能够在复杂的业务环境中保持稳定的运营状态,减少了人为因素导致的偏差和错误。以数字化工具为依托,企业可以实时监控各项流程的执行情况,及时发现问题并进行调整,从而确保流程的高效运作。此外,标准化流程还为跨部门协作提供了坚实的基础,促进了信息的流动和共享,极大地提高了资源的利用效率。

通过推动流程标准化,企业能够在业务操作中减少人为错误,提升准确性和效率。标准化流程的优势在于它为企业提供了一种结构化的操作模式,使各个业务环节更加清晰和可控。随着数字化工具的普及,企业能够更好地监控和管理这些标准化流程,确保每个环节都按照预定的标准执行。这种实时监控的能

力不仅提高了流程的透明度,还使企业能够快速响应市场变化,进行灵活调整和优化,保持竞争优势。

数字化工具的应用为企业的流程标准化提供了新的可能性。通过这些工具,企业可以对标准化流程进行实时监控和分析,及时发现并纠正偏差。这种能力使企业能够在运营中保持高度的灵活性和适应性。标准化流程不仅有助于提高业务操作的效率,还为企业的跨部门协作创造了条件。通过信息的共享和流动,各部门能够更好地协调工作,提升整体资源利用率。在数字化转型的推动下,企业的流程标准化不仅变得更加高效,而且更加灵活,能够快速适应市场需求的变化。

(二)数字化转型对流程自动化的助力

流程自动化通过引入智能化工具,显著减少了对人工干预的依赖,从而提高了业务处理的速度和准确性。通过自动化技术的应用,企业能够在处理复杂业务流程时,减少人为错误的发生,提高整体运营效率。在数字化转型的背景下,流程自动化成为企业提升竞争力和适应市场变化的重要手段。

机器人流程自动化技术的应用,是数字化转型中实现流程自动化的关键之一。机器人流程自动化技术能够自动执行大量重复性任务,使企业能够将人力资源从低附加值的工作中解放出来,转而投入更具战略意义的工作中。这不仅提升了员工的工作满意度,也增强了企业的创新能力和市场竞争力。通过机器人流程自动化技术,企业可以实现更高的生产效率和更低的运营成本,从而在竞争激烈的市场中占据有利地位。

自动化流程具备实时监控和分析业务数据的能力,这使企业能够及时识别流程中的瓶颈和问题,支持快速调整与优化。通过对数据的深入分析,企业可以获得更为准确的业务分析,从而使决策过程更加科学和高效。这种基于数据驱动的管理方式,使企业在面对复杂多变的市场环境时,能够更加灵活地制定应对策略。

通过流程自动化,企业能够实现标准化操作,确保各项业务流程的一致性和可预测性。标准化的流程不仅提高了业务的可靠性,还降低了因人为因素导致的流程变异风险。这种一致性和可预测性对于跨国企业尤其重要,因为跨国企业需要在全球范围内保持业务流程的统一,从而保障产品和服务质量的一致性。

自动化技术的应用不仅提升了企业的内部效率,还使企业能够更灵活地响应市场变化。面对瞬息万变的市场需求,企业可以快速调整业务流程,以适应新的需求和挑战。这种敏捷性使企业能够在市场中迅速抓住机遇,避免因市场变化而导致的业务滞后。

第二章　数字化转型背景下科技信息化管理的组织架构

第一节　扁平化组织架构的探索

一、扁平化组织架构的内涵与特征

(一)扁平化组织架构的内涵

扁平化组织架构是指在组织内部减少管理层级,以促进信息流通与决策的快速反应。这一架构的核心在于通过减少传统的垂直管理层级,增强组织的沟通效率和灵活性。在数字化转型的背景下,企业需要更快速地响应市场变化与技术进步,扁平化组织架构能够有效支持这一需求。减少中间管理层可以使信息更快速地传达至决策层,进而加速决策过程,提升组织的整体响应速度。

扁平化组织架构强调员工的自主性与责任感,鼓励团队合作与跨部门协作。这种架构不仅要求员工具备较高的专业能力和自我管理能力,还需要他们在工作中主动承担责任,积极参与团队协作。通过赋予员工更多的自主权,企业能够激发员工的创新潜力和积极性,从而提高整体工作效率和创新能力。此外,跨部门的合作能够打破信息孤岛,促进资源的共享与整合,为企业创造更大的价值。

扁平化组织架构通常通过信息技术手段优化沟通流程,提高工作效率与创新能力。信息技术在扁平化组织架构中不仅可以提高信息传递的速度和准确性,还可以支持远程协作和虚拟团队的运作。通过信息技术的应用,企业能够在全球范围内整合资源和人才,打破时间和空间的限制,增强企业的竞争力。同时,信息技术可以为企业提供数据分析和决策支持,帮助企业在复杂多变的市场环境中做出更为精准的决策。

(二)扁平化组织架构的主要特征

扁平化组织架构是现代企业在数字化转型背景下普遍采用的一种管理模式,其主要特征在于减少管理层级。传统的多层级管理结构往往因为层级过多而导致决策的延误,而扁平化组织架构通过减少这些层级,显著提高了决策的效率。决策者能够更快地获取来自一线员工的反馈,并据此做出更为迅速和准确的决策。这种简化的决策过程不仅缩短了决策时间,还提升了组织对市场变化的响应能力,使企业能够在激烈的市场竞争中占据主动。

在扁平化组织架构中,信息流动更加顺畅,这种顺畅的信息流动促进了组织内部的知识共享与创新。员工可以更快地获取所需信息,从而提升工作效率。此外,信息的快速流动也为员工之间的协作提供了便利,有助于激发员工的创新思维。在这种环境下,员工更容易分享各自的见解和经验,促进了组织整体的创新能力和竞争力的提升。

扁平化组织架构还鼓励跨部门协作,减少了不同部门之间的沟通壁垒。这种跨部门的协作不仅提高了组织的运营效率,还促进了不同部门之间的理解和信任,从而形成一个更加紧密和高效的工作团队。这种高效的协作机制在数字化转型的背景下尤为重要,因为它能够帮助企业更好地整合资源,实现更高效的管理和运营。

二、扁平化组织架构的设计原则

(一)以客户为中心

以客户为中心原则要求组织在构建架构时,必须从客户需求出发。通过围绕客户需求进行设计,确保信息流动能够快速响应客户反馈,组织可以更灵活地适应市场变化。特别是在数字化转型的背景下,客户需求的变化速度加快,传统的层级组织难以快速调整。因此,扁平化架构的设计需要考虑如何提高信息传递的效率,以便及时回应客户的意见和建议,从而提升客户满意度和忠诚度。

在扁平化组织中,员工需具备客户导向的思维方式,这种思维方式不仅涉及对客户需求的敏感感知和精准理解,还涉及对客户痛点的深刻洞察。通过培训和文化建设,组织可以帮助员工树立以客户为中心的价值观,使他们在日常工作中更好地理解客户的期望和需求。这种客户导向的思维方式将有助于员工在与客户互动时提供更具针对性和个性化的服务,从而有利于客户关系的建立与维护。

在设计扁平化组织架构时,引入客户参与机制是至关重要的。通过鼓励客户在产品开发与服务优化过程中及时提供反馈意见与建议,组织可以更准确地把握客户需求的变化趋势。这种客户参与机制不仅提高了客户对产品和服务的认可度,还为组织提供了宝贵的市场洞察力,使其能够在激烈的市场竞争中保持领先。

(二)流程优化

1. 基于数据分析的流程优化

流程优化应从数据分析入手,通过数据驱动的决策过程来提升工作效率和资源利用率。在数字化转型的背景下,数据成为最重要的资产之一,通过对数据的深入分析,组织可以识别出流程中的瓶颈和低效环节,从而进行针对性的改进。这种基于数据分析的流程优化,不仅能够提高决策的准确性,还能为组织提供更为科学的管理依据。

2. 建立标准化流程

标准化流程的建立能够有效减少因流程不清导致的时间浪费,使员工在工作中有明确的参考依据。通过制定清晰的流程规范,组织可以确保各部门在执行任务时遵循相同的标准,从而降低沟通和协调的成本。此外,标准化流程还可以促进组织内部的知识共享,使新员工能够更快地适应工作环境,提高整体的工作效率。

3. 引入自动化工具

自动化工具的应用可以显著减少人工干预,提高流程执行的准确性和速度。在信息化管理中,自动化工具不仅能够处理大量的重复性工作,还能通过智能化的分析和决策支持功能,帮助管理者更好地掌控业务流程。通过自动化工具的引入,组织可以将员工从烦琐的事务性工作中解放出来,使其能够专注于更具创造性和战略性的任务,从而提升组织的核心竞争力。

4. 促进跨部门协作

通过信息共享和沟通机制的优化,组织可以打破部门之间的信息壁垒,提升整体工作效率。在扁平化组织架构中,跨部门协作显得尤为重要,因为它能够确保信息的快速流动和资源的有效配置。通过建立高效的沟通渠道和信息共享平台,组织可以促进各部门之间的协同工作,使其能够更加灵活地应对外部环境的变化,从而达成组织的整体目标。

(三)团队协作

团队协作强调通过团队内部的紧密合作,快速响应市场变化,激发员工的创新思维。扁平化组织能够消除层级障碍,促进信息自由流动,使团队成员迅速适应变化的环境和需求,从而提升组织的整体竞争力。

1. 建立跨职能团队

通过将不同专业背景的员工聚集在一起,组织能够综合各方的视角和技能,提升问题解决能力。这种跨职能团队的设置不仅能打破传统职能部门的界限,还能在项目的不同阶段引入多样化的思维方式,从而提高决策的科学性和执行的有效性。在这样的环境下,团队成员能够更好地理解彼此的工作内容和目标,形成合力,共同推动组织目标的实现。

2. 营造开放沟通的文化氛围

鼓励团队成员自由表达意见和建议,不仅能增强团队的凝聚力,还能激发团队成员的创新能力。在扁平化组织中,信息的透明度和沟通的流畅性尤为重要。通过建立开放的沟通渠道,团队成员能够及时获取所需信息,减少信息不对称带来的决策延误。同时,这种文化氛围能激励员工主动参与讨论,提出创新解决方案,推动组织的持续改进和发展。

3. 利用数字化工具

项目管理软件和实时沟通平台等工具的应用,提高了信息共享效率和任务跟踪能力。这些工具不仅能帮助团队成员更好地协调工作进度,还能提供实时反馈和数据分析功能,使决策更加科学和准确。在数字化转型的背景下,利用先进的技术手段提升团队协作效率,已成为组织保持竞争优势的关键。

4. 定期进行团队建设活动

通过团队建设活动,团队成员能够加深对彼此的了解,建立更为紧密的工作关系。这种信任关系的建立,不仅能提高团队的整体工作效率,还能在面对挑战时,提升团队的适应能力和抗压能力。团队建设活动的设计应注重趣味性和参与性,以激发团队成员的积极性和创造力,最终提升团队的整体效能。

三、扁平化组织架构的实施策略

(一)组织结构调整

1. 明确组织的目标与愿景

组织需要在结构调整过程中明确其目标与愿景,以确保结构调整与整体战略的一致性。明确的目标与愿景可以为组织提供方向,使结构调整不只是形式上的变化,还是战略上的推进。通过这种方式,组织可以在数字化转型的背景下,确保其架构能够支持快速变化的市场需求和技术进步。

2. 建立灵活的岗位职责

通过建立灵活的岗位职责,组织可以鼓励员工跨职能参与工作。这种参与不仅能够提升员工的适应性,还能够促进不同部门之间的协作与创新。跨职能的参与使员工能够在不同的职能领域中学习和成长,从而提升他们的综合能力和对组织的贡献度。

3. 优化信息流通渠道

在扁平化结构中,各层级员工需要及时获取关键信息,以做出准确的决策。因此,组织需要建立高效的信息流通机制,确保信息在不同层级之间的顺畅传递。这种机制不仅能够提高组织的整体效率,还能够增强员工的参与感和责任感,使他们在扁平化的环境中能够更好地发挥作用。

4. 引入绩效考核机制

通过科学合理的绩效考核,组织可以激励员工不断提升自身的工作效率和创新能力。在扁平化的组织架构中,绩效考核不只是对员工过去工作的评价,也是对其未来工作方向的指引。通过这种激励机制,员工能够在追求个人发展的同时,为组织创造更大的价值。

(二)流程再造

流程再造旨在消除组织内的冗余环节,提高整体运作效率。通过对现有流程的重新设计,企业能够实现资源的最佳配置,减少不必要的资源浪费。这一过程不仅需要对现有流程进行深入分析,还需借助先进的信息技术手段,支持流程的自动化。自动化的引入能够显著减少人工操作,提高流程执行的速度和准确性,从而使企业在激烈的市场竞争中保持竞争优势。

在实施流程再造时,数据驱动的方法尤为重要。企业可以通过大数据分析,识别现有流程中的瓶颈,找到影响效率的关键问题。基于这些分析,企业可以制定针对性的改进方案,以实现流程的持续优化。这种方法不仅能够提高流程再造的效率,还能提升企业的适应能力,使其能够快速响应市场的变化和技术的创新。此外,数据驱动的方法还能为企业提供客观的决策依据,减少决策中的主观性和不确定性。

为了确保流程再造的效果,企业需要定期评估其实施效果,收集反馈信息。这不仅有助于识别流程再造中的不足之处,还有助于为未来的改进提供宝贵的经验和数据支持。通过及时调整策略,企业能够更好地适应不断变化的市场需求和技术环境。定期评估和反馈机制的建立,使企业能够在动态的商业环境中保持灵活性和创新力,从而在数字化转型的浪潮中立于不败之地。

(三) 人员培训与转型

员工技能评估是培训的起点。利用精确的评估工具评估员工在数字化技能和知识方面的不足不仅能帮助组织了解当前员工的能力水平,还能明确员工培训需求,为后续的培训设计提供数据支持。特别是在科技信息化的背景下,确保员工具备必要的数字化技能,能够有效地操作新技术和工具,是组织成功转型的关键。

建立持续学习机制是应对数字化挑战的重要策略。通过在线课程和研讨会,员工能够在灵活的时间和地点进行学习,以提升对新技术和工具的适应能力。这种学习机制不仅包括技术技能的提升,还包括对行业趋势的理解和对公司战略的认知。通过持续学习,员工能够保持与技术发展的同步,确保在快速变化的市场环境中保持竞争力。

设计针对性的培训项目是提升员工综合能力的重要手段。这些项目应聚焦于团队协作、沟通技巧及跨职能合作等关键领域。在扁平化组织中,沟通与协作是组织高效运作的基础。通过有针对性的培训,员工能够更好地理解团队目标,增强协作意识,并提升解决复杂问题的能力。这不仅促进了个人能力的提升,也增强了组织的整体效能。

实施导师制度是促进知识传承与技能提升的有效方式。在这一制度中,经验丰富的员工担任导师,指导新员工适应组织文化和工作流程。导师制度不仅能够加速新员工的成长,还能促进经验的分享和组织知识的积累。通过这种方式,组织能够保持知识的连续性,并在员工之间建立良好的合作关系,为组织的长期发展奠定基础。

定期进行培训效果评估是确保培训项目与组织目标对齐的关键。通过收集员工的反馈,组织能够了解培训的有效性和员工的满意度。这些反馈既是优化培训体系的重要依据,也能帮助组织动态调整培训内容和形式,以更好地满足员工的需求。通过持续的评估和改进,组织能够确保培训投资的价值最大化,并助力员工在数字化转型中实现持续发展。

第二节 矩阵式组织架构的应用

一、矩阵式组织架构的内涵与类型

(一)矩阵式组织架构的内涵

矩阵式组织架构旨在将职能部门与项目团队有机结合,以适应数字化转型带来的复杂环境和动态需求。在这种架构中,员工通常拥有双重汇报关系:既向职能部门的主管汇报,又向项目团队的负责人汇报。这种双重汇报机制不仅促进了资源的灵活配置,还提升了组织的协作效率。通过这种方式,信息能够在不同层级和部门之间顺畅流动,使组织能够快速响应市场变化和技术创新所带来的挑战。

在矩阵式组织架构中,员工往往同时参与多个团队或项目,承担多重角色。

这种多重角色的设置,使员工能够在不同的项目中分享和应用其专业知识,从而推动创新,提升效率。通过跨职能的合作,组织能够充分利用员工的多样化技能和专业背景,这不仅能提高项目的成功率,还能促进员工的职业发展和技能提升。

(二)矩阵式组织架构的主要类型

1. 弱矩阵式组织架构

弱矩阵式组织架构强调职能部门的主导地位,项目经理的权力相对较小。这种类型适用于项目较少且资源相对稳定的环境。在这种架构下,职能部门的专业性得以充分发挥,项目的执行在专业指导下进行,但项目经理的决策空间有限,可能影响项目的灵活性和创新性。

2. 平衡矩阵式组织架构

平衡矩阵式组织架构在职能部门与项目团队之间实现了权力的平衡,项目经理与职能部门经理共同负责团队成员的工作。这种架构适合项目与日常运营并重的组织,能够在不牺牲专业性的基础上,提升项目的灵活性和响应速度。项目经理在项目的规划和执行中拥有一定的自主权,同时职能部门经理可以确保资源的有效配置和专业支持。这种双重管理模式有助于提高组织的适应性,尤其适用需要同时处理多个项目和日常运营任务的情况。

3. 强矩阵式组织架构

强矩阵式组织架构赋予项目经理更大的权力,职能部门的角色相对弱化。这种架构适合项目驱动型的组织,能够快速适应市场变化。项目经理在项目生命周期中拥有对资源的高度控制权,能够迅速做出决策,以应对市场的动态变化。职能部门则更多地提供支持和专业指导,而不是直接控制项目的进程。这种架构能够促进创新和快速响应市场需求,但也可能给职能部门与项目团队之

第二章　数字化转型背景下科技信息化管理的组织架构

间的协调带来一定的挑战。

二、数字化转型中矩阵式组织架构的适用性

(一)项目管理的需求

数字化转型往往伴随着大量的项目管理工作,这些项目通常涉及多个部门、多个业务领域,需要跨部门的协作与资源的优化配置。矩阵式组织架构正是应对这一复杂管理需求的有效工具。

矩阵式组织架构设立专门的项目经理,负责项目的整体规划与协调,确保项目能够按时、按质、按量完成。项目经理不仅具备丰富的项目管理经验,还熟悉各个部门的业务流程和技术特点。因此,项目经理能够准确识别项目中的风险,及时制定应对策略,确保项目的顺利进行。在数字化转型项目中,项目经理还需要具备技术背景,以便更好地理解技术需求和解决方案。通过与技术团队的紧密合作,项目经理能够确保技术方案的可行性和有效性,从而推动项目的成功实施。

矩阵式组织架构具备高度的灵活性,能够根据项目需求的变化进行快速调整。在数字化转型项目中,需求变化是常态,项目经理需要随时根据市场反馈和业务需求调整项目计划和资源分配。矩阵式组织架构中的项目团队由不同部门的成员组成,他们可以根据项目需求灵活调整工作内容和工作时间,确保项目能够按时交付。

(二)跨部门协作的要求

数字化转型需要打破部门壁垒,实现信息的共享与资源的整合。矩阵式组织架构通过设立跨部门的项目团队,促进了不同部门之间的沟通与协作,为数字化转型提供了有力的支持。

1.打破部门壁垒

在传统的组织架构中,不同部门之间往往存在信息孤岛和资源壁垒,导致出

现信息传递不畅、资源浪费等问题。矩阵式组织架构中的项目团队由来自不同部门的成员组成，他们在项目中共同工作，相互协作，有助于打破部门间的隔阂和壁垒。通过项目团队的组建和运作，不同部门之间的信息传递更加顺畅，资源也更加容易整合。团队成员在项目中形成了紧密的合作关系，共同面对挑战和解决问题，从而提高了整体工作效率。

2. 促进信息共享

数字化转型需要实现信息的共享和流通，以便更好地支持业务决策和创新。矩阵式组织架构通过信息共享平台的建设，实现了数据的实时更新和共享，为跨部门协作提供了有力的支持。信息共享平台可以包括项目管理软件、协作工具、数据仓库等，这些工具能够帮助团队成员随时了解项目进展、资源分配和问题解决情况。通过信息共享平台，团队成员可以更加高效地协作和沟通，减少重复劳动和资源浪费。

此外，信息共享平台还能够支持数据的分析和挖掘，为业务决策和创新提供有力支持。通过对数据的分析和挖掘，企业可以发现潜在的市场机会和改进点，从而推动数字化转型的深入发展。

3. 加强团队协作

矩阵式组织架构中的项目团队由不同部门的成员组成，他们在项目中共同工作，相互学习，形成了紧密的合作关系。这种紧密的合作关系有助于加强团队协作和沟通，提高整体工作效率。在数字化转型项目中，团队协作和沟通至关重要。项目团队成员需要共同面对挑战和解决问题，确保项目顺利进行。通过团队协作和沟通，团队成员可以相互了解彼此的工作内容和需求，从而更加高效地协作和配合。

（三）资源优化配置的考虑

在数字化转型过程中，矩阵式组织架构通过灵活调配资源、提高团队综合素质和创新能力,以及实现人力资源的循环利用和高效配置,确保了项目团队能够获取到所需的专业人才和技术支持。

1. 灵活调配资源

矩阵式组织架构中的项目团队由来自不同职能部门的成员组成,这些成员具备不同的专业知识和技能。在数字化转型项目中,根据项目需求的变化,项目经理可以灵活调配项目团队成员的工作内容和工作时间,确保项目能够获取到所需的专业人才和技术支持。通过灵活的资源调配机制,矩阵式组织架构能够确保项目团队在不同阶段都能够拥有足够的资源和能力来应对挑战和解决问题。

2. 提高团队综合素质和创新能力

矩阵式组织架构中的项目团队成员来自不同部门,他们具备不同的专业背景和工作经验。在数字化转型项目中,团队成员需要不断学习和掌握新技术、新方法,以适应不断变化的市场需求和业务需求。矩阵式组织架构中的项目团队为成员提供了良好的学习机会和成长平台,有助于培养一支高素质、创新能力强的团队。

3. 实现人力资源的循环利用和高效配置

矩阵式组织架构中的项目团队成员在项目结束后会回归各自的职能部门,这种回归机制实现了人力资源的循环利用和高效配置。在项目进行期间,团队成员通过参与项目工作积累了丰富的经验和技能。当项目结束后,这些成员可以将所学到的知识和经验带回各自的职能部门,为部门的业务发展和创新提供支持。

三、矩阵式组织架构的设计要点

(一)明确职责与权限

矩阵式组织架构将项目经理与职能经理的职责进行清晰分工,确保两者之间的角色和任务不重叠,避免责任模糊带来的管理困扰。项目经理通常负责项目的具体推进和执行,而职能经理则侧重于职能部门的日常管理和资源分配。这样的分工不仅能提高项目的实施效率,还能保证职能部门的稳定运作。在此基础上,制订清晰的沟通渠道显得尤为重要。通过明确各层级员工的汇报对象和沟通方式,组织可以提高信息传递的效率,减少信息滞后或失真的风险。

(二)建立有效的沟通机制

沟通机制的有效性直接影响项目的执行效率和组织的整体效能。因此,企业需要在矩阵式组织中设置一系列沟通策略,以确保信息的准确传递和团队的高效协作。

1. 组织定期的跨部门会议

在矩阵式组织中,各项目团队往往涉及多个部门,定期的跨部门会议能够为团队成员提供一个分享项目进展、面临挑战及资源需求的平台。这种定期互动不仅有助于信息的及时传递与反馈,还有助于各部门更好地理解彼此的工作内容和需求,减少因信息不对称导致的误解和冲突。此外,跨部门会议还可以作为创新思想的孵化器,助力团队成员提出不同的解决方案和改进建议。

2. 使用数字化工具

在现代科技环境中,利用即时消息、协作平台等数字化沟通工具能够显著提高信息共享的实时性。这些工具不仅可以帮助团队成员随时获取必要的信息和支持,还可以促进远程工作的顺利开展。通过这些工具,员工可以在任何时间、任何地点进行交流和协作,极大地降低了传统沟通方式中的时间和空间限制。这种实时沟通能力对于快速响应市场变化和客户需求至关重要。

3. 制定明确的沟通规范和流程

每位员工都需要了解何时、如何及与谁进行沟通,以减少信息传递中的误解

第二章　数字化转型背景下科技信息化管理的组织架构

和延误。明确的沟通流程可以帮助员工更好地协调工作,提高工作效率。此外,清晰的沟通规范还可以帮助新员工快速融入团队,理解组织的运作模式和文化氛围,从而更快地进入工作状态,为组织创造价值。

(三)优化绩效考核体系

建立基于结果的绩效评估指标体系不仅能确保考核内容与组织目标紧密对接,还能显著提升员工的工作动力。通过明确的目标导向,员工能够更清晰地理解自己的工作任务与整体组织目标之间的联系,从而激励其为组织的成功做出更大贡献。此外,这种结果导向的考核方式也能帮助管理层更客观地评估员工的实际表现,减少主观偏见带来的影响。

引入360度反馈机制是优化绩效考核体系的重要策略。这一机制鼓励同级同事、下属和上级对员工的表现进行全面评估,从而促进多维度的绩效反馈。这种全方位的反馈不仅能为员工提供更全面的自我认知,还能帮助管理层识别团队中的潜在问题与机会。通过多角度的评价,员工能够更全面地了解自己在团队中的表现,进而在职业发展中做出更为明智的选择。此外,这种反馈机制也有助于营造开放、信任的组织文化氛围。

制定灵活的绩效考核周期是应对快速变化的市场环境的重要手段。传统的年度考核周期往往无法及时反映员工在项目进展和市场变化中的实际贡献。因此,允许根据项目进展和市场变化调整考核频率,能更好地适应组织的动态需求。这种灵活性不仅能确保考核结果的及时性和准确性,还能激励员工在不同阶段持续保持高水平的工作表现,从而给组织带来更大的竞争优势。

结合个人发展与绩效考核,设置职业发展目标与绩效目标相结合的考核体系,能够有效促进员工的长远成长。在这种体系中,组织不仅能评估员工当前的工作表现,还能在考核过程中明确员工未来的发展方向。这种双重目标的设定,不仅能激励员工在工作中不断提升自己的能力,还能帮助他们在职业生涯中取得更高的成就。此外,这种结合也有助于组织在人才培养与储备方面做出更为长远的规划。

运用数据分析工具对绩效考核结果进行分析,是优化人才管理策略的有效方式。通过对考核结果的深入分析,组织能够识别出高绩效员工与表现不佳员工的特征,从而在人才管理中采取更加精准的措施。数据分析不仅能揭示出影响员工绩效的关键因素,还能为管理层提供决策支持,帮助其在人员配置、培训与发展等方面做出更为科学的判断。这种基于数据的管理方式,不仅能提升组织的整体效能,还能为员工创造更为良好的发展环境。

第三节 网络化组织架构的创新

一、网络化组织架构的内涵与特征

(一)网络化组织架构的内涵

网络化组织架构是一种以信息技术为基础,通过网络连接各个独立单元,实现资源共享与协作的管理模式。这种架构的核心在于利用现代信息技术,打破传统组织的层级限制,形成一个更加扁平化和灵活的结构。这不仅改变了信息的传递方式,也重新定义了组织内外部的互动关系。在数字化转型的背景下,网络化组织架构使信息能够在组织内自由流动,从而提升了信息的透明度和可访问性,促进了组织内部的协作与创新。

网络化组织架构促进了跨地域、跨部门的协作,使不同背景的团队能够高效合作,提升创新能力。在全球化的背景下,企业的业务往往分布在不同的国家和地区,传统的组织架构难以支持这种跨地域的协作。网络化组织架构通过信息技术的支持,使地理位置不再是协作的障碍。不同部门、不同地区的团队可以通过网络进行无缝沟通与合作,从而形成强大的协同效应,推动组织的创新和发展。

在网络化组织架构中,信息流动更加迅速,增强了决策的实时性与准确性,有助于组织快速响应外部环境的变化。信息的快速流动使组织能够在第一时间获取市场动态和客户反馈,从而做出及时的决策。这种实时性和准确性在快速变化的市场环境中尤为重要,它不仅提高了组织的竞争力,也降低了决策失误的风险。通过网络化的组织架构,企业能够更好地把握市场机遇,实现可持续发展。

(二)网络化组织架构的主要特征

1. 去中心化

去中心化的网络化组织架构允许各个独立单元自主决策,增强了组织的灵活性与适应性。这种架构模式打破了传统的金字塔式管理结构,使每个团队都能够根据自身情况快速响应市场变化。在去中心化的环境中,决策权力被分散到各个层级和部门,减少了对中央控制的依赖。这种结构不仅提高了组织的反应速度,还鼓励了创新,因为每个团队都可以根据其特定的市场条件和客户需求做出决策,进而推动组织整体的创新能力发展。

2. 动态性和灵活性

网络化组织架构的动态性特征使其能够根据项目需求和外部环境的变化实时调整资源配置与团队结构。这种动态性不仅提高了组织的运作效率,还使其能够在快速变化的市场中保持竞争优势。动态性意味着组织能够灵活配置资源,以应对新的挑战和机会。在不确定性和复杂性日益增加的现代商业环境中,这种灵活性对企业的生存至关重要。通过动态调整,组织可以更好地管理资源,优化流程,并提高项目的成功率。

3. 开放性

开放性使网络化组织架构能够吸引外部资源与合作伙伴,通过信息共享与协作,促进创新和知识的流动。开放的架构允许组织与外部实体建立更紧密的联系,形成战略联盟和合作关系。这种开放性不仅有助于获取外部的专业知识和技术,还有助于在组织内部营造鼓励创新和持续改进的文化氛围。通过开放的交流和合作,组织可以更快地适应市场变化,并在竞争中保持领先地位。

二、网络化组织架构的类型与模式

(一)内部网络化组织架构

内部网络化组织架构通过信息技术手段连接各个独立单元,从而促进资源的高效共享与协作。这种架构的实施依赖于先进的信息系统和平台,能够将组织内的各个部门和团队无缝连接,形成一个有机的整体。通过这种方式,企业能够更好地整合内部资源,打破传统的部门壁垒,实现信息的快速流动和共享,提高整体运作效率。

内部网络化组织架构强调团队的自主决策能力,使每个单元能够根据自身的需求和市场变化迅速调整策略。在内部网络化组织架构中,团队不再是被动地接收指令,而是拥有更大的自主权和灵活性。这种自主性不仅提高了员工的积极性和创造力,还使组织能够更快速地响应市场变化和客户需求。

(二)外部网络化组织架构

通过与外部合作伙伴的连接,外部网络化组织架构能够充分利用共享的资源和知识,显著增强组织的创新能力和市场竞争力。在全球化和信息化的背景下,外部网络化组织架构为企业提供了一个开放的平台,使其能够灵活地吸纳外部的优秀人才和先进技术。这种开放性不仅推动了产品和服务的快速迭代与优化,还使组织能够更快速地响应市场变化和客户需求。

外部网络化组织架构能够促进跨行业的合作。通过整合来自不同领域的专业知识,外部网络化组织架构能够形成更加创新的解决方案。这种跨界的协作给企业带来了新的视角和机会,使其能够在竞争激烈的市场中占据优势地位。

第二章　数字化转型背景下科技信息化管理的组织架构

外部网络化组织架构的成功实施依赖于企业与外部伙伴之间的信任与协同,这需要建立在长期的合作关系和对共同目标的认同之上。

外部网络化组织架构通过虚拟团队的方式,实现了全球范围内的项目协作。这种模式不仅提升了资源的利用效率,还加快了信息的流动和决策的速度。在信息技术的支持下,组织能够在全球范围内配置和协调资源,确保各个项目团队能够在不同的时间和地域顺利合作。这种灵活性和效率是传统组织架构难以企及的,尤其是在需要快速响应市场变化和客户需求的情况下,外部网络化组织架构的优势尤为明显。

外部网络化组织架构的有效运作离不开先进的信息技术平台。通过这些平台,信息能够实时共享,以确保各方能够及时获取必要的支持和反馈。这种实时的信息流动不仅提高了组织内部的透明度和协作效率,还增强了与外部合作伙伴的互动和协调能力。在数字化转型的背景下,信息技术平台的作用愈发重要,它不仅是外部网络化组织架构的基础设施,也是实现创新和保持竞争优势的关键驱动力。

(三)平台型网络化组织架构

平台型网络化组织架构是一种通过构建开放的数字平台,实现资源高效整合与共享的创新模式。这一架构的核心在于通过开放的数字平台,将组织内部与外部的资源进行高效整合。这种整合不仅包括物理资源共享,还包括信息、知识和技术的共享。这种模式通过打破传统的组织边界,形成一个动态的资源池,提升了组织的创新能力。平台型网络化组织架构在数字化转型的背景下,提供了一个灵活且适应性强的结构,使组织能够快速响应市场变化和技术进步。

平台型网络化组织架构的一个显著特点是强调用户参与,鼓励客户和合作伙伴通过平台提供反馈,形成一个共创的生态系统。这种用户参与不仅限于简单的反馈,还包括在产品开发、服务设计等多个环节的深度参与。通过这种方式,平台型网络化组织架构能够更好地捕捉市场需求和用户偏好,推动产品和服务的持续改进。这种共创生态系统的建立,使组织能够在激烈的市场竞争中保持领先地位,同时增强了组织与客户和合作伙伴的黏性。

平台型网络化组织架构还支持数据驱动决策,通过大数据分析优化资源配置与业务流程,提高运营效率。在这种架构下,数据不仅是结果的输出,也是决策的基础。通过对海量数据的分析,组织能够识别出潜在的市场机会和运营瓶颈,从而进行精准的策略调整。这种数据驱动的决策模式,使组织能够在复杂多变的市场环境中保持高效运营,并不断提升竞争力。

通过建立标准化的接口和协议,平台型网络化组织架构增强了不同系统之间的互操作性和信息流动的顺畅性。这种标准化的接口设计,使不同的技术系统能够无缝对接,信息在各个环节之间的流动更加顺畅。这不仅提高了信息的传递效率,也减少了信息孤岛的产生,确保了组织内部和外部的信息能够被充分利用,从而支持快速决策和创新。

平台型网络化组织架构强调灵活的团队组建,使组织能够根据项目的不同需求,快速调整人员配置和资源分配,确保项目的快速推进。这种敏捷性不仅体现在团队的组建和调整上,还体现在项目管理和执行的各个环节,确保了组织在快速变化的市场环境中能够保持高效的执行力。

三、网络化组织架构的设计思路

(一) 节点与连接的设计

在数字化转型背景下,设计清晰的节点结构至关重要,以确保每个独立单元在网络化组织中具有明确的角色和功能。这样的设计可以明确角色分工,减少资源浪费和重复劳动,从而促进组织内部的高效协作。同时,清晰的节点结构为组织内外部的沟通提供了便利,使各个团队能够在统一的框架下协同工作,达成共同的目标。

为了支持不同节点之间的信息流动,建立灵活的连接机制是必不可少的。灵活的连接机制不仅能确保资源的快速共享,还能适应不同业务需求的变化。在信息化管理中,资源的快速共享可以显著提高组织的响应速度,增强其在市场中的竞争力。通过灵活的连接机制,各节点可以根据具体情况调整信息流动的方式,从而在动态环境中保持高效运作。

信息技术工具的利用是加强节点之间可视化管理的关键。通过信息技术工具,组织可以实现各个单元状态和需求的实时更新。这种可视化管理不仅提高了信息的透明度,还为决策者提供了及时准确的数据支持。在快速变化的市场环境中,实时更新的信息可以帮助组织及时调整策略,抓住市场机遇,规避潜在风险。

设计有效的权限管理系统是确保各节点在信息共享和决策过程中遵循安全和合规要求的基础。权限管理系统需要在保障信息安全的同时,提供足够的灵活性,以支持各节点的正常运作。在信息化管理中,安全和合规是组织运营的底线,通过合理的权限设置,组织可以有效防止信息泄露和不当使用,维护自身的合法权益。

推动跨节点的互动与反馈机制是提升整体效率的重要手段。通过积极的互动与反馈,各个单元可以在实践中不断调整和优化连接方式。这样的机制不仅能帮助组织发现并解决潜在问题,还能促进创新。通过持续的互动和反馈,组织可以形成良性循环,在不断优化的过程中提升整体效率,实现可持续发展。

(二)信息流通与共享机制

信息流通与共享机制的核心在于建立统一的信息共享平台,这个平台不仅需要具备实时性,还要能够支持各个节点的动态访问和更新。通过这样的平台,信息流动的效率可以显著提高,各个节点能够在第一时间获取到最新的关键信息,从而提升组织整体的响应速度和决策质量。

1. 制定清晰的信息流通流程

每个节点在信息共享中的角色与责任必须明确,以减少信息传递的延误。这不仅能提高信息的准确性和可靠性,还能确保信息在传递过程中不被误解或丢失。通过明确的流程设计,组织可以在信息共享的过程中实现更高效的协作,进而推动整体运作的优化。

2. 引入数据可视化工具

数据可视化能够将复杂的信息转化为直观的图表,帮助各个节点快速获取和理解所需数据。这种直观的呈现方式,不仅能提高信息的可读性,还能支持各个节点在决策过程中更好地利用数据资源,增强决策的科学性和准确性。

3. 建立跨部门的信息交流与协作机制

通过定期的沟通会议和反馈机制,组织能够促进知识的共享与创新。这样的机制不仅能打破部门之间的信息壁垒,还能通过多方协作实现更高层次的创新。这种跨部门的协作方式,能够激发员工的创造力和主动性,推动组织在数字化转型中持续发展。

(三)协同创新模式

协同创新模式强调多方参与,通过不同团队和部门的合作,形成集体智慧,推动创新成果的快速产生。在这种模式下,组织不再依赖于单一的创新源,而是通过多元化的视角和经验来提升创新能力。协同创新模式的核心在于通过开放的沟通和协作,打破传统的组织壁垒,使各个部门能够在共同的目标下高效运作。这种模式不仅提高了创新的速度和质量,还增强了组织的适应能力和竞争力。

为了实现协同创新,数字化工具的使用至关重要。这些工具能够促进协同工作,确保信息的实时共享与反馈,从而提升团队之间的协作效率和项目响应速度。通过数字化平台,团队成员可以随时随地获取所需的信息,进行有效的沟通和协作。这种实时性和便捷性不仅缩短了项目周期,还降低了沟通成本,提高了整体的工作效率。此外,数字化工具还能够帮助团队识别创新机会,优化资源配置,确保了创新活动的顺利进行。

协同创新模式强调建立跨界合作机制,吸引外部专家和合作伙伴参与项目。

通过这种方式,组织能够打破传统界限,丰富创新的多样性。跨界合作不仅能带来新的视角和思维方式,还能够为组织注入新的活力和动力。通过与外部机构的合作,组织可以获取更多的资源和支持,从而在激烈的市场竞争中占据优势地位。这种合作机制的建立需要组织具备开放的心态和灵活的机制,以便有效整合内外部资源,促进创新成果的产生。

协同创新模式的有效实施离不开项目管理工具的支持。这些工具能够跟踪协同创新过程中的进展和成果,确保各方的贡献被有效识别和评估。通过对项目的全程监控,组织能够及时发现和解决问题,确保创新活动的顺利进行。项目管理工具还能够帮助组织评估创新的效果和价值,为后续的创新活动提供参考和指导。这种系统化的管理方式不仅提升了整体创新效率,还提升了组织的创新能力和竞争力。

四、网络化组织架构的构建与实施

(一)确定网络节点与连接方式

1. 明确网络节点的功能定位

每个节点作为独立单元,其角色与职责的清晰设定对于促进高效的协作与资源共享至关重要。通过明确的功能定位,各节点能够在组织中找到自己的位置,承担特定的任务,从而避免资源的浪费。同时,明确的角色分配有助于提升团队的凝聚力和工作效率,确保在信息化管理中,各个节点能够协同工作,形成合力。

2. 设计灵活的连接方式

不同节点之间的信息流动需要畅通无阻,以便快速响应市场变化和项目需求。在这种架构中,信息的流动性决定了组织的反应速度和适应能力。通过灵活的连接方式,组织能够在面对外部环境变化时,迅速调整策略和资源配置,以保持竞争优势。灵活的连接方式不仅体现在技术手段上,还包括组织文化和管理机制的创新,以确保信息能够在正确的时间传递到正确的地方。

3.建立动态的节点管理机制

传统的固定节点和连接方式在快速变化的市场环境中显得僵化,动态的节点管理则允许组织根据实际情况及时调整节点的角色与连接方式。这种动态调整机制不仅能够提高组织的反应速度,还能在资源分配上更加合理和高效。通过持续的监测和评估,组织可以识别出需要调整的节点和连接方式,从而保持整体架构的灵活性和适应性。

(二)建立信息共享与沟通平台

在数字化转型的浪潮中,建立高效的信息共享与沟通平台成为组织架构创新的关键。构建集中化的信息共享与沟通平台是实现这一目标的核心步骤。通过整合各部门和团队的数据与信息资源,组织能够确保所有节点都能方便地访问和更新关键信息。这种集中化的机制不仅提升了信息流动的效率,也提升了组织整体的协同能力。通过这样的整合,企业可以更好地响应市场变化,提升决策的准确性和时效性,从而在激烈的市场竞争中占据优势。

引入实时沟通工具是提升团队沟通效率的重要手段。即时消息和视频会议等多种形式的交流工具,使团队成员之间的沟通更加便捷和快速。这种实时性不仅能缩短反馈的周期,还能在关键时刻为决策提供及时的信息支持。通过增强团队内部的互动,组织可以更好地激发员工的创造力和协作精神,进而推动创新的产生。此外,实时沟通工具的应用还能够打破地理和时间的限制,为跨地域团队的合作提供了技术支持。

设计用户友好型的界面和操作流程是提高信息共享与沟通平台使用率的关键因素。降低使用门槛可以有效提升员工的参与度和员工更新信息的积极性。通过直观的界面设计和简化的操作流程,员工可以更轻松地获取和分享信息,从而提高工作效率和满意度。用户体验的优化不仅能够促进信息的流畅传递,还

第二章　数字化转型背景下科技信息化管理的组织架构

能增强员工对信息化工具的接受度和依赖性,最终实现组织信息化管理的目标。

在信息共享过程中,安全管理机制的建立至关重要。确保敏感数据在共享过程中得到有效保护,是维护组织信息安全与合规性的基础。通过实施严格的权限管理和数据加密措施,组织可以有效防止信息泄露和未经授权的访问。信息安全不只是技术层面的考量,更是组织管理的核心要素。通过建立健全安全管理机制,组织能够在推动信息共享的同时,保障数据的完整性和机密性,从而增强客户和合作伙伴的信任。

(三)制定合作规则与协调机制

1. 制定清晰的合作目标

为了提高合作的有效性与方向性,制定清晰的合作目标至关重要。这需要确保所有参与方对项目的目标、时间表和成果有共同的理解。通过明确的目标设定,各方能够在合作中保持一致的方向,避免因目标不清而产生误解与分歧。这种共识不仅能提高项目的执行效率,还能增强各方对项目成功的信心,从而推动创新的持续发展。

2. 建立明确的责任分配机制

在网络化组织架构中,各方的角色和责任必须清晰划分,以避免由职责不明导致的冲突和效率低下。通过清晰的责任界定,参与方能够明确自身在合作中的贡献与义务,减少因责任不明引发的纠纷。这种机制不仅保障了项目的顺利推进,还提升了各方的积极性和参与度,促使合作更加紧密和高效。

3. 组织定期的协调会议

在合作过程中,及时解决出现的问题是保持项目顺利推进的关键。通过定期的会议,各方可以就项目的进展、遇到的挑战及需要调整的策略进行深入讨论。这种机制不仅有助于信息的透明化,还有助于增强各方的信任与合作意愿,确保项目在数字化转型的复杂环境中稳步前行。

(四)培育网络文化,培养合作意识

在数字化转型背景下,网络化组织架构的构建与实施需要特别关注网络文化的培育与合作意识的培养。网络文化不仅是一种技术支持,更是组织成员之间的无形纽带。

1. 建立开放的沟通渠道

通过鼓励团队成员自由分享想法与建议,组织可以营造出一种开放的协作氛围。这种氛围不仅能够激发创新思维的产生,还能促进组织内不同层级和部门之间的互动与合作。在网络化组织中,自由沟通和分享是创新的源泉,能够推动组织在快速变化的商业环境中保持竞争力。

2. 推动开展跨部门交流活动

通过团队建设和社交活动,员工之间的信任与理解可以得到显著增强。这些活动不仅能打破部门之间的壁垒,还能提升整体的协作能力。在以信任和理解为基础的环境中,员工更愿意分享自己的见解和经验,从而促进组织的整体效能的提升。跨部门的合作不仅能提高工作效率,还能带来新的视角和解决方案,推动组织在复杂的商业环境中取得成功。

3. 制定有效的激励机制

鼓励员工主动分享经验,可以形成良好的知识共享文化。这种文化不仅能提升组织整体的学习能力,还能促进员工个人的发展。在网络化组织中,知识共享是提升组织创新能力的关键因素。通过奖励机制,员工分享知识的积极性会大幅提高,从而形成良性循环,推动组织的持续发展。

4. 强化对网络文化的宣传与培训

通过系统化的培训,员工能够更好地理解网络化工作环境的优势和要求,从

而增强参与意识和合作意愿。在充满合作和信任的网络文化中,员工的工作满意度和生产力都能得到提高,这不仅有助于其个人的职业发展,也有助于推动整个组织在数字化转型中的成功。

第三章 数字化转型背景下科技信息化管理的流程优化与创新

第一节 科技研发管理流程的优化与创新

一、科技研发项目的需求分析与规划

(一)需求收集与分析

需求收集不是一个简单的信息采集过程,而是需要通过多渠道策略来确保信息的全面性和准确性。线上问卷调查可以快速获取大量的用户反馈,线下访谈则能够深入了解用户的真实需求和痛点,而专家咨询则提供了专业的视角和建议。这些方法相辅相成,共同构建了一个完整的需求收集体系。

数据分析工具的应用在现代科技研发项目中扮演着越来越重要的角色。通过数据挖掘技术,项目团队可以从大量的用户反馈和市场数据中提炼出潜在需求。这种技术不仅能提高需求分析的效率,还能发现传统方法难以察觉的市场机会。数据分析工具的使用,使需求分析从经验驱动转向数据驱动,有利于项目的科学决策。

需求变更管理机制的建立是为了确保在研发过程中能够及时响应市场变化。随着市场环境和用户需求的不断变化,项目需求往往需要进行调整。有效的需求变更管理机制能够确保项目团队在面对需求变更时,可以快速反应并做出合理的调整。这种机制通常包括需求变更的评估、审批和实施流程,确保变更对项目的影响降到最低,并保持项目的整体进度和质量。通过这一机制,项目团队可以在动态的市场环境中保持灵活性和竞争力。

第三章　数字化转型背景下科技信息化管理的流程优化与创新

(二)项目规划与目标设定

科学合理的项目规划能够为整个研发过程提供清晰的指引和框架。项目目标的设定应遵循 SMART 原则,即目标必须是具体的、可测量的、可实现的、相关性强的及时限明确的。这一原则的应用不仅能够帮助项目团队明确工作方向,还能有效地监控项目进展,确保各项任务按计划完成。此外,在项目规划阶段,应进行合理的资源配置与预算管理。通过合理分配人力、物力和财力资源,项目管理者可以确保项目的各个环节都能得到有效支持,从而提高项目的整体效率和成功率。

在项目规划过程中,还需要设定与监控关键里程碑。明确项目进展中的重要节点能够使项目管理者在每个关键阶段对项目的进展进行评估和调整。这不仅有助于及时识别项目执行中的瓶颈和障碍,还有利于项目的顺利推进。风险评估与应对策略的制定也是项目规划中的重要组成部分。通过识别潜在风险并制定相应的预防和应急措施,项目团队可以在面临不确定性时保持灵活性和应变能力,降低项目失败的概率。

二、科技研发团队的组织与协作机制

(一)团队的组织与发展

通过明确各团队成员的专业技能与背景,团队管理者能够有效地进行角色分配,确保每个成员的能力与其承担的任务相匹配。这种匹配不仅能提高工作效率,还能最大限度地发挥每个成员的潜力,以推动项目的成功。

在科技研发团队中,有效沟通能促进信息的及时传递与反馈,从而提高团队的协作效率。在开放的沟通平台上,团队成员可以随时分享项目进展和面临的挑战,以便及时调整策略,以应对变化。

为了确保项目进度的透明性与一致性,应设立定期的团队会议与进展汇报机制。这种机制不仅能让团队成员了解项目的整体进展,还能帮助管理层及时掌握项目的关键节点和潜在风险。通过定期的会议,团队可以就遇到的问题进行深入讨论,寻找解决方案,并调整项目策略,以确保项目的顺利推进。

制定团队协作的激励机制有利于提升团队整体绩效。通过合理的激励政策,团队成员会更有动力去合作与创新。激励机制不仅包括物质奖励,还包括精神奖励,如表彰优秀成员、提供职业发展机会等。这样的机制能促进成员之间的合作,激发他们的创造力,从而推动整个团队的进步。

在科技研发团队中,建立角色交叉培训机制有助于增强成员的多样性与灵活性。通过交叉培训,团队成员可以学习不同的技能,提高应对复杂问题的能力。这种多样性不仅能提升团队的创新能力,还能提升团队的抗风险能力。在快速变化的数字化环境中,灵活的团队配置是应对不确定性的重要保障。通过交叉培训,团队能够更好地适应变化,保持竞争力。

(二)协作工具与平台

合适的协作工具不仅能提高团队的工作效率,还能有效促进团队成员之间的沟通与协作。在选择适合团队需求的协作工具时,需要充分考虑项目的特定要求与目标,确保所选工具的功能能够支持这些特定需求。协作工具的多样性和灵活性能够为团队提供更广泛的选择空间,使其在复杂的项目环境中依然保持高效运作。

为了实现信息的高效共享与管理,需要建立统一的文件管理平台。这一平台应具备便捷的文件共享和存档功能,确保团队成员能够随时访问项目相关资料。通过统一的平台,团队成员可以减少重复劳动,提高信息的透明度和可追溯性,从而在项目执行过程中更好地协同工作。文件管理平台的有效性直接影响团队的整体工作效率和项目的成功率。

利用即时通信工具,可以显著提高团队成员之间的沟通效率,减少信息传递的延迟。这些工具支持实时的讨论和反馈,使团队能够快速解决问题,做出决策。即时通信工具的使用不仅能促进团队内部的紧密联系,还能帮助团队更好地应对来自外部的挑战和变化,确保项目的顺利推进。

项目管理软件的应用有助于实现任务的跟踪、责任的分配及对项目时间线的监控。这些软件提供了一个集中的平台,使团队成员能够清晰地了解项目的进展和各自的任务。通过项目管理软件,团队领导可以更好地分配资源,优化流程,确保项目按时完成。这样的工具不仅提高了团队的工作效率,还提高了团队的协作能力和项目的成功率。

(三)沟通与反馈机制

有效的沟通与反馈机制不仅能够促进信息的快速流动,还能增强团队成员之间的信任与协作。可以通过以下途径实现这一目标。

1. 建立定期反馈机制

通过定期的反馈会议,团队成员可以及时反映项目进展与遇到的问题,从而促进问题的快速解决。这种机制有助于在项目初期就发现潜在的问题,避免问题积累导致的项目延误。此外,定期反馈还能够帮助团队成员更好地理解项目目标和任务分配,确保每个人都在朝着同一个方向努力。

2. 设立匿名反馈渠道

匿名反馈允许团队成员在不必担心个人意见被过度解读或受到惩罚的情况下,表达他们的真实想法与建议。这种机制不仅能够鼓励更多的团队成员参与到项目改进的过程中,还能帮助管理层更全面地了解团队的内部动态和潜在问题。通过匿名反馈,团队可以更好地识别组织文化中的盲点,从而采取更有针对性的改进措施。

3. 利用数据分析工具

通过对沟通数据的分析,团队可以识别出信息传递过程中的瓶颈,确保信息的准确性与及时性。数据分析工具可以帮助团队了解哪些沟通渠道最为有效,哪些信息最容易被误解,从而在未来的沟通中采取更为精准的策略。这种数据驱动的沟通优化不仅能够提高团队的整体效率,还能为团队的长期发展奠定坚实的基础。

4. 制定明确的反馈标准与流程

标准化的反馈流程既能够帮助团队成员更清晰地表达他们的意见,也能帮助管理层更有效地处理和分析反馈信息。通过建立清晰的反馈标准,团队可以更好地追踪反馈信息的来源、内容和重要性,从而更迅速地采取相应的改进措施。这种系统化的反馈管理能够显著提升团队的响应速度和解决问题的能力。

三、科技研发过程中的质量控制与风险管理

(一)质量标准与评估

1. 制定质量标准

明确的质量标准应涵盖项目的各个阶段,从初期的概念设计到最终的产品交付,每个环节都需要符合预期的质量要求。这不仅能提高产品的可靠性和市场竞争力,还能有效降低后期的维护成本和风险。通过制定详细的质量标准,项目团队可以在研发过程中有明确的质量目标,确保每一步都在既定的轨道上运行。

2. 实施定期的质量评估

利用量化指标对项目进展进行监测,可以帮助团队及时发现并纠正偏差,确保项目始终保持在高质量的状态。定期评估不仅有助于识别潜在问题,还有利于项目的持续改进。通过对项目进度和质量的量化分析,管理层可以更好地掌握项目的整体情况,做出科学的决策,从而提高项目的成功率。

第三章 数字化转型背景下科技信息化管理的流程优化与创新

3.建立全面的质量管理体系

有效的质量管理体系应明确责任分工,确保每个团队成员在质量控制中发挥积极作用。通过清晰的责任划分,团队成员可以更好地理解自己的任务和目标,从而提高工作的主动性和效率。此外,质量管理体系还需要具备灵活性,以适应项目的变化和市场的需求,确保在不同的环境下都能保持高效的质量控制。

4.引入外部审核机制

定期邀请专业机构或专家对项目质量进行独立评估,可以为项目提供客观的改进建议。外部审核不仅能帮助识别内部难以发现的问题,还能为项目引入新的视角和创新思路。此外,通过外部审核,项目团队可以验证自身的质量管理体系,并进一步优化和完善,以达到更高的质量标准。

5.利用数据分析工具深入挖掘高质量数据

通过数据分析,可以识别影响质量的关键因素,从而采取针对性措施进行改进。数据分析不仅能提高问题解决的效率,还能为未来项目的质量管理提供宝贵的经验和参考。通过对历史数据的分析,项目团队可以更好地预测和规避风险,确保在数字化转型的背景下,科技研发项目能够保持高质量的输出。

(二)风险识别与评估

风险识别的首要任务是全面了解可能影响项目的潜在风险源,这包括技术、市场、财务和人力资源等因素。技术风险可能涉及新技术的不确定性、技术路线选择错误等;市场风险则可能源于市场需求变化、竞争压力增加等;财务风险通常与资金不足、成本超支相关;人力资源风险则可能由关键人员流失、团队协作不畅等问题引发。全面识别这些潜在风险源,可以为后续的风险评估和管理奠定基础。

在识别出风险源后,应及时评估这些风险发生的可能性和影响程度。这个过程需要结合项目的具体情况,通过定量和定性的分析方法,确定每个风险的优先级。风险评估不仅要考虑风险发生的概率,还要评估其对项目目标的潜在影响,以便项目管理团队能够优先处理那些可能性大且影响严重的风险。科学的风险评估可以有效地指导资源的合理配置,确保项目管理的高效性和针对性。

(三)风险应对策略

1. 明确责任分工

在科技研发项目中,需要清晰界定各团队成员的角色和任务,以便在风险发生时能够迅速反应。明确每位成员在风险管理中的职责,可以提高团队的协作效率,避免因职责不清而导致的混乱和延误。责任分工的清晰化也有助于增强团队成员的责任感和主动性,使他们在面对风险时更加积极主动地采取行动,确保风险应对策略的顺利执行。

2. 进行情景模拟与演练

通过模拟可能出现的风险,团队可以在演练中发现潜在问题并及时调整策略。演练不仅能够提高团队成员的反应速度,还能够培养他们在实际风险发生时的决策能力。通过定期进行情景模拟与演练,团队能够始终保持在最佳状态,从而可以快速应对各种突发风险。演练过程中积累的经验也为策略的进一步优化提供了宝贵的参考。

3. 更新风险应对策略

团队应定期回顾和调整策略,确保其始终适应当前的项目需求和外部条件。通过对策略的动态管理,团队可以识别出新的风险因素并及时纳入应对计划。这个过程也为团队提供了一个反思和学习的机会,使风险管理策略在实践中不断完善,以更好地服务于项目。

4. 加强与外部专家和顾问的合作

外部专家拥有丰富的经验和专业知识,可以为团队提供独到的建议。通过与他们的合作,团队可以获得更全面的风险评估和更具针对性的应对策略。外部视角的引入也有助于团队跳出自身的思维局限,发现潜在的风险盲点,进一步提高风险管理的整体水平。

四、科技研发成果的评估与改进机制

(一)成果评估

科学合理的评估标准能够有效衡量研发成果的价值与潜力。评估标准不仅需要包括技术层面的创新性和先进性,还应包括经济效益、社会效益等综合指标。在数字化转型背景下,评估标准应与企业战略目标紧密结合,以确保研发成果能够在实际应用中产生预期的效果。通过设定明确的评估标准,研发团队可以更好地把握研发方向,优化资源配置,提高成果转化效率。

成果评估的量化指标是评估研发成果具体数据化表现的关键。量化指标包括性能指标、成本效益和市场接受度等,这些指标能够提供直观的数值参考,帮助决策者判断成果的实际价值。性能指标主要用于评估研发成果的技术水平和创新程度,而成本效益则关注研发投入与产出之间的关系。市场接受度是对成果商业化潜力的直接反映,能够揭示用户对产品的需求和期望。通过对量化指标的综合分析,企业可以更准确地预测研发成果的市场表现和发展前景。

成果的用户反馈收集机制是评估过程的重要组成部分。通过问卷调查、用户访谈等方式,企业能够获取用户对研发成果的真实评价与建议。这不仅能够帮助企业识别产品的优势和不足,还能为后续的改进和创新提供宝贵的参考依据。在数字化环境下,对用户反馈的收集可以借助大数据分析技术进行,从而快速高效地获取用户行为和偏好信息,进而优化产品设计,提升用户体验。

成果的市场适应性分析是评估研发成果在实际市场中应用效果的重要步

骤。市场适应性分析通过对目标用户群体的研究,评估成果的吸引力和竞争力。分析过程需要考虑市场趋势、竞争对手动态及用户需求变化等因素,以确保研发成果能够在快速变化的市场环境中保持竞争优势。市场适应性分析不仅能够帮助企业识别潜在的市场机会,还能指导企业制定有效的市场推广策略。

成果的可持续性评估关注研发成果在技术、经济和环境方面的长期影响和发展能力。可持续性评估需要综合考虑成果的生命周期、资源消耗、环境影响等因素,以确保研发活动符合可持续发展原则。在科技信息化管理创新中,成果的可持续性评估能够帮助企业识别风险,优化资源配置,增强其长期竞争力和社会责任感。

(二)持续改进

1. 建设持续改进的企业文化

持续改进不仅是一个技术过程,也是一种文化建设。建设持续改进的企业文化,鼓励团队成员主动提出改进建议,可以形成良好的反馈氛围。这种文化氛围有助于激发团队成员的创造力和创新意识,使研发流程中的每一个环节都能得到有效的评估和改进。在这个过程中,管理层的支持和引导至关重要,他们需要为团队提供必要的资源和平台,使改进建议能够得到充分的讨论和实施。

2. 定期开展内部审查与评估

通过系统的审查机制,企业能够识别流程中的薄弱环节和潜在风险,并及时进行调整和改进。这种审查不仅包括技术层面,还应包括流程管理、资源配置和团队协作等维度。为了实现这一目标,企业需要建立一套科学的评估标准和流程,确保每次审查都能提供有价值的反馈和改进建议。此外,利用先进的数据分析工具,可以为评估过程提供客观、准确的支持。

3. 重视数据的作用

利用先进的数据分析工具,企业可以实时监控项目进展和质量指标,快速识

第三章　数字化转型背景下科技信息化管理的流程优化与创新

别改进点。这种实时监控能力使企业能够及时发现问题并采取相应措施,避免小问题演变成大故障。数据分析工具还可以帮助企业预测未来的发展趋势,制定更为科学的改进策略。通过数据驱动的决策过程,企业能够更好地把握研发方向,提高研发效率和成果质量。

4. 制订明确的改进目标和计划

每次改进都需要有明确的方向和可量化的成效,以确保改进措施能够带来实际的价值。这就要求企业在制订改进计划时,要充分考虑自身的战略目标、市场需求和技术发展趋势。通过明确的目标设定,企业能够更好地协调各部门的资源和力量,确保改进措施的有效实施。可量化的成效也为后续的改进提供了参考依据,使企业能够在不断的改进中持续提升自身的竞争力。

第二节　科技项目管理流程的优化与创新

一、项目立项与可行性分析

(一)数据驱动的立项决策

利用大数据分析工具,对市场需求进行深入挖掘,可以为项目立项提供坚实的数据支持。这些工具能够处理海量的数据集,识别出潜在的市场趋势和用户需求,从而帮助项目团队在立项初期做出更为精准和有依据的决策。此外,数据分析还可以揭示市场的空白和机会,使项目立项更具前瞻性和竞争力。

在项目立项过程中,必须建立基于数据的风险评估模型。这样的模型能够通过分析历史数据和当前市场动态,识别出项目可能面临的各种风险。这些风险包括技术风险、市场风险及财务风险等。通过数据驱动的风险评估,项目决策者可以更好地理解和量化这些风险,从而为决策提供科学依据。这种方法不仅提高了决策的准确性,还提升了项目的抗风险能力。

在项目立项过程中,应结合数据驱动的绩效指标,对项目的预期效果与可持续性进行评估。这些指标包括项目的市场占有率、投资回报率及可持续发展潜力等。通过对这些指标的分析,项目团队可以更清晰地了解项目的长期价值和发展前景,从而确保项目的立项决策是符合企业战略目标的。

(二)智能化可行性分析工具

智能化可行性分析工具的自动化数据收集功能通过整合多种数据源,大幅度提高了数据获取的效率和准确性。传统的可行性分析常常依赖手动数据输入,这不仅耗时费力,还容易导致数据不完整或不准确。智能化可行性分析工具则通过连接多种数据库和实时信息流,实现了数据的自动化收集和更新。这种数据整合的能力使项目管理者能够在立项初期就掌握全面而精准的信息,为后续的项目评估和决策奠定坚实的基础。

智能化可行性分析工具能够利用机器学习算法对历史项目数据进行分析。通过对大量历史项目的成功与失败案例进行深度挖掘,该工具能够识别出影响项目成败的关键因素。这些因素包括项目规模、资源配置、时间管理、市场需求等。通过这些分析结果,项目管理者可以在新项目立项时优化项目方案,提高项目成功的概率。这种基于数据驱动的决策方式不仅提升了项目管理的科学性,也为项目的长远发展奠定了坚实的基础。

智能化可行性分析工具还集成了风险评估模块,能够自动识别项目潜在风险并提供相应的应对策略。传统的风险评估往往依赖专家的经验和判断,而智能化可行性分析工具则通过大数据分析和机器学习算法,自动识别项目中的潜在风险因素。这些风险因素可能包括技术风险、市场风险、财务风险等。通过对这些风险的提前识别和评估,项目管理者可以制定相应的应对策略,降低项目实施过程中的不确定性,提升项目立项的安全性和可靠性。这种系统化的风险管理方式为项目的成功实施提供了有力保障。

二、项目计划与进度管理

(一)项目管理软件应用

在数字化转型的背景下,科技信息化管理创新成为提升企业竞争力的关键环节。选择合适的项目管理软件功能模块是优化项目管理流程的首要任务。这些模块应包括任务分配、进度跟踪和资源管理等核心功能,以满足项目管理的多样化需求。通过合理的功能模块选择,企业能够有效地分配资源,实时跟踪项目进度,并及时调整计划,从而提高项目的成功率和效率。

1. 项目管理软件的用户界面设计

一个强调易用性和直观性的用户界面能够显著提高团队成员的使用体验和学习效率。在设计用户界面时,需要考虑用户的操作习惯和使用场景,以降低学习曲线,减少操作复杂性。通过优化用户界面设计,项目管理软件可以更好地支持团队成员的日常工作,提高整体工作效率,并促进软件在企业内部的广泛应用。

2. 项目管理软件的集成能力

确保软件能够与现有的企业资源计划(ERP)系统和其他工具无缝对接,可以大幅度提高企业的信息化管理水平。有效的集成能力不仅促进了各部门之间的信息共享,还减少了信息孤岛的产生,使企业能够在统一的平台上进行数据分析和决策支持,从而提高管理的科学性和准确性。

3. 项目管理软件的数据分析与报告功能

通过对项目数据的深入分析,企业可以获得关于项目进展和资源使用的详细信息,为管理层的决策提供科学依据。实时的数据监控功能使企业能够及时发现问题并采取相应措施,避免项目偏离预期轨道,提高项目管理的科学性和有效性。

4. 项目管理软件的协作功能

通过支持文件共享、讨论区和即时消息等功能，软件能够促进团队成员之间的沟通与协作。有效的协作功能不仅提高了团队的工作效率，还加强了团队成员的互动和合作，从而形成一个更加紧密和高效的工作团队。这种协作能力在复杂项目中尤为重要，因为它能够确保团队成员在同一平台上协作，减少信息误差和沟通障碍。

(二) 进度动态调整与监控

项目计划与进度管理在数字化转型的背景下显得尤为重要，尤其是在科技信息化管理创新中，进度动态调整与监控是确保项目成功的关键环节。建立项目进度监控指标体系，明确关键绩效指标（KPI），可以实时评估项目进展与目标达成情况。这种体系不仅有助于对项目的精确管理，还有利于项目的战略决策。关键绩效指标的设定需要结合项目的具体目标和行业标准，以确保其具有针对性和可操作性。

实施进度动态更新机制能够确保项目进度信息的及时更新。动态更新机制可以通过自动化工具实现，确保项目各个阶段的进度信息能够被快速捕捉和反馈给团队成员。这种机制的应用不仅提高了信息传递的效率，还减少了因信息滞后导致的决策延误。尤其是在快速变化的科技项目中，及时的进度更新能够帮助团队成员调整工作计划，确保项目按预期推进。

利用可视化工具展示项目进度有利于团队沟通效率的提高。通过图表、甘特图等可视化工具，团队成员可以直观地理解当前项目状态和后续工作安排。这种直观的展示方式不仅能够帮助团队成员快速掌握项目信息，还能促进跨部门的沟通与协作。可视化工具的使用需要结合项目的复杂性和团队的需求，以确保信息的清晰传达和有效利用。

(三) 关键路径识别与优化

关键路径是指项目中一系列相互依赖的任务，这些任务的延误将直接影响

第三章 数字化转型背景下科技信息化管理的流程优化与创新

整个项目的完工时间。识别项目的关键路径能够帮助管理者确保资源优先集中于对项目进度影响最大的任务上。这种资源优先配置不仅提高了项目的效率,还有效减少了不必要的时间浪费和资源分配不当的问题。

为了更好地识别和优化关键路径,可以利用甘特图和网络图等工具。这些工具能够直观地展示项目各任务的依赖关系和时间安排,使项目团队能够清晰地了解每个任务的开始和结束时间,以及它们之间的相互关系。通过这些工具,项目管理者可以更好地规划和调整项目进度,确保每个任务在合理的时间节点上完成,从而避免因某一任务延误而导致整个项目进度的滞后。

在项目执行过程中,应定期评估关键路径。项目环境的动态变化可能导致关键路径的调整,因此需要及时调整项目计划,以应对潜在的延误或资源不足。这种持续的评估和调整不仅能够保持项目的灵活性,还能确保项目得以顺利推进,达到预期的目标。通过这种动态管理,项目团队可以更好地应对不确定性和突发事件,保持项目的整体进度和质量。

通过模拟和预测分析,项目管理者可以识别潜在的瓶颈任务,并提前采取措施,以避免影响整体进度。这种前瞻性的分析能够帮助项目团队预见可能的风险,并制定相应的应对策略,确保项目团队在遇到挑战时能够快速反应。这种方法不仅提高了项目的成功率,还提升了团队的应变能力,使项目管理更加科学和高效。

建立关键路径管理的反馈机制有利于项目的顺利实施。通过这一机制,团队成员能够及时获取项目进展信息并做出相应调整,从而保证信息的透明和沟通的顺畅。反馈机制的建立不仅促进了团队内部的协作,还提高了项目管理的效率和准确性。通过这种方式,项目团队能够在信息化管理的创新过程中,充分发挥数字化工具的优势,实现项目的成功交付。

三、项目管理流程的自动化与智能化

(一)自动化技术应用

自动化项目管理工具的实施,能够显著减少人工干预,提高项目管理的效率和准确性。通过这些工具,管理者可以预先设定规则和参数,系统自动执行任务,减少人为错误的发生。这不仅提高了项目的整体质量,还使项目管理更加标准化和可控。自动化项目管理工具的应用已经成为衡量项目管理水平的重要指标之一。引入先进的自动化技术可以优化项目管理的各个环节,从而推动科技信息化管理的创新与发展。

自动化进度跟踪是项目管理自动化技术的重要组成部分,通过实时更新项目状态,确保团队成员始终掌握最新信息,降低沟通成本。传统的项目进度跟踪往往依赖人工记录和汇报,容易导致信息滞后和出现误差。自动化进度跟踪系统能够实时收集和分析项目数据,自动生成进度报告,确保信息的准确性和及时性。这种技术的应用使项目管理更加透明,有助于管理者及时发现问题并进行调整。此外,通过减少不必要的沟通环节,团队成员可以将更多精力投入实际工作中,提高整体工作效率。

利用自动化的资源调配系统,根据项目需求动态调整资源分配,提高资源使用效率,是项目管理流程优化的另一重要方面。传统的资源调配往往依赖经验和直觉,难以应对复杂多变的项目需求。自动化资源调配系统能够根据项目的实时数据和历史记录,智能分析资源需求,自动进行资源分配和调整。这种动态调配方式不仅提高了资源使用效率,还减少了资源浪费,优化了项目成本管理。在数字化转型的背景下,自动化资源调配系统的应用将成为项目管理流程优化的关键驱动力之一。

(二)智能化管理系统应用

随着数字化转型的加速,项目管理需要应对日益复杂的挑战和动态环境。智能化管理系统通过数据分析和机器学习算法,能够自动识别项目中的潜在问题,并提供实时预警。这一功能使项目团队能够在问题初现时便采取措施,并及时调整策略,以应对变化,从而避免问题的扩大化和对项目的负面影响。这种预警机制不仅提升了项目管理的敏捷性,还显著降低了人为错误的发生率。

智能化管理系统能够整合多种数据源,包括项目进度、资源使用情况、财务数据等,并实时更新项目状态。这种实时性确保了所有相关人员都能获取最新信息,避免信息孤岛现象的出现。通过提供一个统一的信息平台,智能化管理系统提高了团队内部的协作效率和决策的准确性,使项目管理更加透明和高效。

在任务管理方面,智能化管理系统支持任务优先级的自动调整。通过分析项目进展和资源使用情况,系统能够动态优化团队成员的工作负载和任务分配。这种智能化的任务管理方式,不仅提高了团队的工作效率,还有效地减少了资源浪费和瓶颈问题的发生。智能化管理系统通过合理的资源配置和任务安排,确保项目能够在既定的时间和预算内顺利完成。

智能化管理系统还促进了知识的自动化积累和共享。通过对项目数据的持续分析和存储,系统能够自动生成知识库,供团队成员随时查阅和学习。这种知识共享机制不仅提高了团队的整体项目管理能力和创新水平,还为未来项目的管理提供了宝贵的经验和数据支持。

第三节　科技成果转化管理流程的优化与创新

一、科技成果评估与筛选机制优化

(一)评估标准的制定

1. 设定技术指标

技术指标应涵盖研发成果的核心技术性能和功能实现情况,以便全面评估科技成果的技术水平和创新程度。通过设定明确的技术指标,评估者能够更准确地判断科技成果的技术成熟度和潜在应用价值,从而为后续的市场化转化提供科学依据。

2. 设定市场适应性指标

市场适应性指标不仅要考虑科技成果在现有市场中的定位，还需要预见其在未来市场中的发展潜力。通过分析市场需求、竞争环境及用户反馈，评估者可以判断科技成果的市场前景，确保其在商业化过程中能够获得广泛认可和应用。这个过程要求评估者具备深厚的市场分析能力和敏锐的商业洞察力，以便为科技成果的市场化提供切实可行的建议。

3. 制定经济效益评估标准

经济效益评估标准主要涉及对科技成果成本效益和投资回报率的分析。通过对研发成本、生产成本、市场推广成本及预期收益的综合评估，评估者能够判断科技成果的经济可行性和盈利能力。这一评估标准的制定需要结合财务分析、市场预测及风险评估等专业知识，以确保科技成果的商业化决策具备科学性和可操作性。

4. 制定知识产权保护评估标准

在科技成果转化过程中，知识产权保护是维护创新成果合法权益的关键环节。评估者需要对科技成果的专利状况、版权保护、商标注册等方面进行全面评估，确保其在法律框架内得到有效保护。这一标准的制定不仅要求评估者具备法律知识，还需要其了解国际国内知识产权保护的最新动态，以便为科技成果的合法化转化提供坚实的法律支持。

（二）筛选流程的改进

为了提升筛选机制的有效性，需要建立多层次的筛选机制。这种机制的核心在于对科技成果进行全方位的综合评估，包括技术成熟度、市场潜力及经济效益等维度。多层次的筛选不仅能够提高筛选的准确性，还能有效地识别出具有高潜力的科技成果，从而优化资源配置，促进科技成果的高效转化。

第三章　数字化转型背景下科技信息化管理的流程优化与创新

为了进一步增强筛选流程的专业性与准确性，应引入专家评审小组。专家评审小组由来自相关行业的专家组成，他们能够提供专业的意见与建议，确保筛选流程的科学性。行业专家可以对科技成果的技术创新性、市场适应性等方面进行深入分析，帮助决策者做出更为明智的选择。这种专家参与的机制，不仅提升了筛选的专业性，也为筛选流程的优化提供了强有力的支持。

在筛选流程中，需要应用数据分析工具。利用先进的数据分析工具，可以对科技成果的市场反馈和用户需求进行量化分析。这种量化分析能够为筛选决策提供科学依据，帮助识别出最符合市场需求的科技成果。通过数据分析，相关人员能够更好地理解市场动态和用户偏好，从而在筛选过程中做出更具前瞻性的判断，提高筛选流程的科学性和准确性。

设定明确的筛选时间表与节点，能够有效提高筛选流程的整体效率。设定合理的时间表，可以确保各阶段评估与筛选工作有序进行，避免因时间管理不当而导致的资源浪费和效率低下。明确的节点设置，能够帮助管理者及时掌握筛选进度，进行有效的过程控制，从而提高整个筛选流程的效率，确保科技成果转化的顺利进行。

二、科技成果知识产权管理创新

(一)知识产权保护策略

1. 制定全面的知识产权保护政策

政策的制定需要明确各类科技成果的保护范围和方式，其中包括专利、商标和版权等。明确的保护政策可以确保创新成果的合法权益得到保障，避免因保护不力而导致的损失。科技成果的多样性和复杂性要求人们在政策制定过程中充分考虑不同类型成果的特性，制定相应的保护措施，以实现对创新成果的全方位保护。

2. 建立知识产权管理平台

知识产权管理平台的建立旨在集中管理科技成果的申请、维护和监控过程。通过信息化手段，对知识产权相关信息进行统一管理，不仅能够提高管理效率，还能为决策提供数据支持。平台化管理能够实现对科技成果的实时监控，及时发现和处理潜在的侵权行为。这种集中式管理模式有助于提高组织在知识产权保护方面的整体能力，增强对外部市场环境的适应性。

3. 开展知识产权培训与意识提升活动

定期开展培训活动，可以提高研发团队对知识产权重要性的认识，使其在科技成果转化过程中更加重视知识产权的保护。培训内容应涵盖知识产权的基本概念、保护策略及实际案例分析等，以提升团队成员的实战能力。此外，意识提升活动可以通过宣传和激励机制，鼓励团队成员积极参与知识产权的创造和保护工作，从而形成良好的知识产权保护文化。

4. 建立与外部法律机构的合作机制

通过与法律机构的合作，企业可以在知识产权保护的各个环节获得专业的法律咨询和支持，及时应对潜在的侵权风险。法律机构的专业知识和经验可以帮助企业在复杂的法律环境中规避风险，确保科技成果的合法权益得到有效保护。这种合作机制不仅提升了企业的法律应对能力，也提升了企业在全球市场中的竞争力。

（二）知识产权交易机制

知识产权交易机制不仅是经济活动，也是促进科技成果转化的重要途径。建立完善的知识产权交易机制，可以实现科技成果的高效流通与转让，降低交易成本，并提升交易透明度。这一机制的核心在于构建一个科技成果交易平台，该平台是一个集交易、评估、咨询等功能于一体的综合性平台。通过平台的搭建，科技成果的供需双方可以更加便捷地进行信息交流和交易洽谈,从而提高交易效率。

为了确保知识产权交易的顺利进行,必须制定标准化的知识产权交易合同模板。这些合同模板应明确规定交易双方的权利和义务,从而减少交易过程中的法律风险,保障交易双方的合法权益。标准化合同的使用不仅能够提高交易的效率,还能在一定程度上减少因合同条款不清晰而导致的纠纷。此外,标准化合同模板的推广应用,还能为中小企业和初创企业提供便利,使其在参与知识产权交易时更加有保障。

知识产权的价值评估是交易过程中的关键环节之一。专业的知识产权评估服务的开展,可以为科技成果的交易提供科学合理的价值评估。这不仅能帮助交易双方合理定价,也能促进交易的顺利进行。评估服务应由具备专业资质的机构提供,评估结果应具有权威性和公信力。通过对知识产权的科学评估,交易双方可以更加清晰地了解科技成果的市场价值,从而做出更为理性的决策。

政策支持有利于推动知识产权交易机制的健康发展。政府应出台相关政策,鼓励企业和研究机构积极参与知识产权的交易与合作,营造良好的市场氛围。这些政策可以包括税收优惠、资金支持、法律保障等内容。政策的引导和支持,能够激发市场主体的积极性,促进知识产权交易市场的繁荣发展。政策的支持也能吸引更多的国际知识产权进入国内市场,推动国内外知识产权的交流与合作。

三、科技成果市场化路径设计

(一)市场需求分析

1. 市场需求的动态变化分析

科技成果在不同生命周期阶段面临的市场需求各异。在产品导入期,市场需求可能相对较小,主要集中在创新者和早期采用者群体;而在成长期,市场需求迅速增长,产品逐渐被大众市场接受;到了成熟期,市场需求趋于稳定,竞争加剧。通过对市场需求动态变化的分析,企业可以识别出科技成果在市场中的发展阶段,并据此制定相应的市场策略,以便在适当的时机进行市场推广和产品升级。

2. 目标用户群体的细分

不同用户群体对科技成果的需求偏好和购买决策因素各不相同。通过对目标用户群体的细分,企业可以更深入地了解用户的需求特征和购买行为,从而制定更具针对性的市场营销策略。细分市场不仅能够提高市场营销的效率,还能帮助企业识别潜在的市场机会,为科技成果的市场推广提供新的方向。

3. 竞争对手的市场定位与策略

通过评估同行业内其他科技成果的市场表现和用户反馈,企业可以了解竞争对手的市场定位、产品优势和不足之处。这种分析不仅能够帮助企业在市场中找到合适的定位,避免与竞争对手的直接冲突,也能使其借鉴竞争对手的成功经验,优化自身的市场策略,提高市场竞争力。

(二)商业化模式选择

1. 不同的商业化模式

选择适合的商业化模式,如许可、合作或自主研发,是实现科技成果市场价值最大化的有效途径。每一种模式都有其独特的优势和应用场景。在许可模式下,科技成果的所有者可以通过授权他人使用其技术来获取收益,这种方式适合那些拥有强大知识产权保护的科技成果。合作模式则强调与其他企业或机构的协同,通过资源共享和优势互补实现共赢。自主研发模式则适合那些拥有强大研发能力和市场资源的企业,它们通过自主研发将科技成果直接推向市场。

2. 评估目标市场的规模和潜力

市场规模决定了科技成果的潜在收益,而市场潜力则影响着科技成果的长期发展。通过市场调研和数据分析,企业可以准确了解目标市场的需求特点和竞争态势,从而为商业化模式的选择提供科学依据。确保所选商业化模式能够有效满足市场需求并实现盈利,是科技成果市场化的核心目标。企业需要根据市场变化和消费者偏好,及时调整产品和服务,以保持市场竞争力。

四、科技成果转化模式创新

(一)合作转化模式

合作转化模式不是简单的资源共享,而是多方协同创新。通过建立多方合作机制,科研机构、企业和政府能够实现资源的高效配置与共享。这种机制的核心在于各方在合作中形成合力,共同推动科技成果的有效转化。多方合作机制不仅提高了资源利用效率,还为各方提供了创新的动力和市场竞争力。

在科技成果转化过程中,制定明确的合作协议是确保各方权利与义务的重要措施。合作协议需要明确各方在科技成果转化过程中的角色、责任及收益分配。这种清晰的协议框架不仅能够减少合作过程中的潜在冲突,还能增强各方参与的积极性。在协议的保障下,各方能够更加专注科技成果的实际转化过程,从而提高转化效率和成功率。

搭建开放的创新平台有利于促进科技成果的市场化。在这种平台上,各方能够充分交流与合作,分享技术和市场信息,形成良好的合作氛围。开放的创新平台不仅鼓励各方积极参与科技成果的市场化进程,还为各方提供了展示和交流的机会。这种良好的合作氛围有助于激发创新活力,推动科技成果的快速市场化。

通过实施联合研发项目,各方能够实现资源整合与技术互补,从而提升科技成果的市场竞争力。联合研发项目的实施不仅能够降低研发成本,还能缩短研发周期,提高科技成果的市场适应性。在这种合作模式下,各方能够充分发挥各自的优势,通过技术互补和资源共享,形成强大的市场竞争力,推动科技成果的成功转化。

建立成果转化的反馈机制有助于合作转化策略的优化。通过及时收集合作方的意见与建议,各方能够对合作转化过程进行评估与改进。反馈机制的建立有助于企业发现合作过程中的不足,从而采取相应的改进措施。这种动态的反馈机制不仅能够提高合作转化的效率,还能增强各方的合作信任,为未来的合作奠定坚实的基础。

(二)技术转让模式

技术转让模式涵盖多种形式,如许可、合作开发及转让协议等。这些形式的存在旨在满足不同企业的需求和适应市场环境的变化。许可模式通常涉及技术所有者与被许可方之间的协议,允许后者在特定条件下使用技术。合作开发则强调技术所有者与合作方共同参与技术的进一步开发,以实现技术的商业化。转让协议则通常涉及技术所有权的完全转移。这些不同的技术转让形式为企业提供了灵活的选择,以适应其战略目标和市场定位。

在技术转让过程中,应重视知识产权的管理与保护。有效的知识产权管理能够确保技术转让双方的合法权益得到保障,并降低潜在的法律风险。企业需要建立全面的知识产权保护机制,从技术转让协议的起草到实施过程中的监督,均需要严格把控。知识产权的保护不仅包括专利、商标等传统形式,还包括商业秘密的管理。通过制定全面的知识产权战略,企业可以在技术转让中维护自身的竞争优势,并在市场中占据有利地位。

技术转让中的评估机制是确保技术价值与市场潜力得到准确评估的关键。制定合理的技术评估标准,有助于企业在技术转让过程中做出明智的决策。评估机制需要考虑技术的创新性、应用前景及市场需求等因素。通过科学的评估方法,企业可以识别出具有高商业化潜力的技术,并在转让过程中实现价值最大化。此外,评估机制还可以帮助企业识别技术转让中的潜在风险,从而制定相应的应对策略。

技术转让的合作伙伴选择与管理是确保技术转让顺利进行的重要环节。建立有效的合作关系,能够为技术转让提供持续的支持与保障。在选择合作伙伴时,企业需要考虑对方的技术能力、市场资源及合作意愿等因素。合作伙伴的管理则涉及合作协议的制定、合作过程的监督及合作关系的维护等方面。通过有效的合作伙伴管理,企业可以在技术转让中实现资源的最优配置,并在长期合作中获得持续的竞争优势。

第四节 科技资源管理流程的优化与创新

一、科技资源配置原则与模型

(一)资源配置原则

资源配置应遵循优先级原则,确保关键项目和核心任务获得必要的支持与资源。这意味着在资源有限的情况下,必须优先考虑那些对组织战略目标至关重要的项目,以确保其顺利推进。通过合理设定优先级,企业可以有效避免资源浪费,并在竞争激烈的市场中保持优势。

资源配置应注重数据分析的支持作用。通过利用实时数据来评估资源需求与使用情况,组织可以更精准地了解当前资源分配的效率与不足之处。数据分析工具的运用,可以帮助管理者识别资源使用的瓶颈和潜在的改进空间,从而在资源配置上做出更为科学的决策。这种基于数据驱动的资源配置策略,不仅提高了配置效率,还提升了组织对市场变化的响应能力。

资源配置应重视灵活性。面对快速变化的市场环境和技术进步,资源配置需要具备一定的灵活性,允许根据项目进展和市场变化动态调整资源分配。这种灵活性不仅能够帮助组织快速适应外部环境的变化,还能在内部资源再分配中保持高效运作,使资源的使用价值最大化。

资源配置应强调透明度。确保所有相关方对资源分配的依据和过程有清晰的理解与认可,可以提高决策的公信力和执行的有效性。透明的资源配置流程,有助于减少因信息不对称而产生的误解与冲突,从而促进组织内部的和谐与合作。

(二)资源配置模型

资源配置模型不是简单的资源分配工具,而是需要结合战略目标进行精细化管理的系统。资源配置模型的设计应当紧密围绕项目优先级展开,确保那些对实现组织战略目标至关重要的任务和项目能够获得优先支持。这种基于项目优先级的资源配置模型能够在资源有限的情况下,最大化地发挥资源的效用,确保组织在激烈的市场竞争中保持竞争力。

在快速变化的市场环境中,动态资源配置模型的引入显得尤为重要。动态资源配置模型的核心在于其灵活性和响应能力,它允许企业根据实时数据和市场变化来调整资源分配。这种灵活的调整机制不仅能够帮助企业应对市场的不确定性,还能使企业在新的市场机会出现时迅速反应,从而占据先机。通过实时数据的支持,企业能够更准确地识别市场趋势和变化,从而在资源配置上做出更为明智的决策。

基于数据分析的资源需求预测模型是确保资源配置准确性的有力工具。通过对历史数据和市场趋势的分析,企业能够更准确地预测未来的资源需求。这种基于数据分析的预测模型不仅能够提升资源配置的准确性,还能帮助企业在资源规划上做出更为长远和科学的决策。通过对数据的深入分析,企业能够更好地理解市场动态和客户需求,从而在资源配置上做到未雨绸缪,提升竞争力和市场适应能力。

二、科技资源共享平台的构建

(一)平台架构设计

科技资源共享平台的架构设计需要充分考虑模块化设计的原则。模块化设

第三章　数字化转型背景下科技信息化管理的流程优化与创新

计能够支持不同功能模块的灵活组合与扩展,以应对多样化的科技资源管理需求。这种设计不仅提高了平台的适应性和灵活性,还为未来的功能拓展和系统升级奠定了基础,确保平台能够持续满足不断变化的科技资源管理挑战。

科技资源共享平台的架构设计需要实现数据集成与共享。通过高效的数据集成,各类科技资源信息可以在不同部门和系统之间无缝流通。这种信息流动性不仅提高了资源利用效率,还减少了信息孤岛现象,促进了跨部门的协作和创新。数据共享的实现要求平台具备强大的数据处理能力和接口兼容性,以支持多源数据的整合与统一管理,为资源的高效分配和使用奠定坚实的基础。

科技资源共享平台的架构设计需要建立用户权限管理机制。通过合理的权限管理,不同层级的用户能够根据其职责和需求访问相应的资源。这不仅保障了数据的安全性,还提高了用户的操作效率和平台的整体安全性。权限管理机制应具有灵活性和可扩展性,以适应不同组织结构和管理需求的变化,确保平台在复杂的科技资源管理环境中保持高效运作。

科技资源共享平台的架构设计需要具备数据分析与可视化功能。通过强大的数据分析能力,用户可以直观地理解资源使用情况,从而做出更为科学和合理的决策。可视化工具的应用使复杂的数据分析结果以图形化方式呈现,帮助用户快速洞察资源分布和使用趋势。这种直观的呈现方式不仅提高了用户的决策效率,还为资源管理策略的制定提供了重要依据,推动了科技资源的优化配置。

科技资源共享平台的架构设计需要建立高效的反馈与沟通机制。用户的使用体验和需求反馈是平台发展的重要参考,通过及时的反馈机制,平台开发者能够迅速了解用户的真实需求和使用体验,从而进行相应的调整和优化。这种机制不仅提高了用户满意度,还促进了平台功能的不断完善和创新,确保平台能够持续满足用户的需求和科技资源管理的实际要求。

(二)数据共享机制

数据共享机制不仅是实现信息互通的技术手段,也是提高组织整体效率的关键因素。统一的数据标准与格式的制定,是确保不同部门和系统之间数据有效对接和互操作的基础。通过制定标准化的数据格式，各部门可以在信息交流中减少数据转换的复杂性，从而提高数据共享的效率。这个过程不仅需要技术的支持，也需要组织内部的协调与合作，以实现数据的无缝对接。

在数据共享机制的开发过程中，开发者需要重视数据共享的安全性。实施数据共享的权限管理策略，能够有效保障敏感数据的安全。企业通过角色分配的方式，控制不同用户对数据的访问权限，确保只有授权用户才能访问特定数据。这种策略不仅能保护数据的机密性，还能在一定程度上减少数据泄露的风险。同时，权限管理策略的实施需要与组织的安全政策紧密结合，以确保数据共享过程中的安全性和合规性。

为了实现数据的实时更新与共享，必须开发数据共享接口与 API。通过这些技术手段，各类系统可以方便地进行数据交互，促进信息的实时更新。数据共享接口与 API 的开发，不仅需要考虑技术的可行性，还需要关注数据传输的稳定性和安全性。此外，接口与 API 的设计应具有良好的扩展性，以适应未来可能的技术更新和业务需求变化。

在推动数据共享的过程中，建立数据共享的激励机制有利于提高各部门的参与积极性。奖励措施可以有效提升数据共享的积极性和主动性。激励机制不仅可以是物质奖励，还可以是荣誉和发展机会等。这样的机制设计需要考虑组织文化和员工的实际需求，以确保其有效性和可持续性。

（三）用户权限管理

用户权限管理应基于角色分配，以确保不同层级的用户能够访问与其职责相匹配的资源。这种基于角色的权限管理策略不仅能够提高资源利用的效率，还能有效防止信息的过度共享和泄露。在数字化转型的背景下，科技信息化管理需要适应日益复杂的组织架构和多样化的用户需求，通过合理的权限分配，确保每位用户在其工作范围内拥有恰当的访问权限，从而提高整体的工作效率和数据安全性。

为了确保用户权限的合理性和安全性，应建立权限审查机制。定期审核用户权限设置,确保权限与用户的实际需求和职责保持一致,是防止权限滥用的关键措施。权限审查机制不仅能够帮助识别和纠正权限分配中的不当之处,还能为组织提供一个清晰的权限管理框架。在科技资源共享平台中,权限审查机制的建立需要结合组织的具体情况,制定详细的审查流程和标准,以便及时发现并纠正权限管理中的问题,维护系统的安全性和稳定性。

实施动态权限管理是应对快速变化的项目进展和组织结构调整的有效策略。随着项目的推进和组织架构的变化,用户的职责和权限需求也会随之改变,因此权限管理系统需要具备灵活性,能够根据实际需求及时调整用户的访问权限。这种动态管理不仅可以提高用户的工作效率,还可以减少权限管理的烦琐性和滞后性。通过动态权限管理,科技资源共享平台能够更好地适应组织的变化,确保用户在合适的时间拥有合适的权限。

用户权限管理系统应具备日志记录功能,以跟踪用户的访问行为,便于审计和安全监控,确保数据安全。日志记录功能是权限管理系统的重要组成部分,它能够详细记录用户的访问路径和操作行为,为后续的安全审计提供可靠的数据支持。在科技信息化管理中,日志记录不仅是防范安全风险的重要手段,还是提高系统透明度和用户行为可追溯性的有效措施。通过完善的日志记录功能,组织能够及时发现潜在的安全隐患,并采取相应的措施进行处理。

三、科技资源使用效率的提高

(一)资源调度优化

在数字化转型背景下,科技信息化管理的创新有利于提高科技资源的使用效率,资源调度优化是其中的重要环节。建立实时资源调度系统,能够有效应对项目需求的动态变化。实时资源调度系统依托先进的数据分析和预测模型,能够在项目需求波动时迅速调整资源分配,从而确保资源的高效利用。这个过程不仅需要对现有资源进行全面的分析和评估,还需要对未来的项目需求进行精准预测,以便提前进行资源的合理配置。

实施资源调度的优先级管理也能够提高科技资源的使用效率。企业需要对项目和任务的重要性进行评估，制定明确的资源分配优先级，从而确保关键项目和任务在资源配置中获得优先支持。这种优先级管理策略能够有效避免资源的浪费和分配不当，提高整体工作效率。在科技信息化管理中，优先级管理不仅需要考虑项目的紧急程度，还需要综合考虑项目的战略重要性和预期效益，以便做出最优的资源分配决策。

智能化工具的应用为资源调度的自动化提供了技术支持。利用智能化工具可以减少人工干预，提高资源配置的效率和准确性。这些工具能够自动收集和分析资源使用数据，根据既定的规则和模型进行资源的自动分配和调整，确保资源能够在最短的时间内得到最佳的配置。这种自动化的资源调度方式，不仅提高了资源配置的效率，还减少了人为因素带来的误差和延迟，为科技资源的高效使用提供了有力保障。

跨部门的资源调度协作机制可以有效提升资源使用的协同效应。建立跨部门的资源调度协作机制，可以促进不同部门之间的信息共享与资源整合。在科技资源管理中，各部门往往拥有不同的资源，建立协作机制可以实现资源的共享和互补，避免资源的重复投入和浪费。协作机制还能提高资源的利用效率，提升部门之间的协同作战能力，有效提高组织整体的资源管理水平。

（二）使用流程优化

在数字化转型的背景下，优化科技资源管理的使用流程能够显著提高其使用效率。为实现这一目标，可以采取以下措施。

1.简化工作流程

通过精简流程，组织可以迅速响应市场变化，减少资源浪费，并提高决策的速度和质量。简化流程的核心在于识别并消除冗余步骤，这需要对现有流程进行详细的分析和评估，以确保每个步骤都能为最终目标贡献价值。

第三章 数字化转型背景下科技信息化管理的流程优化与创新

2. 引入标准化操作流程

标准化不仅能确保所有参与者都对流程有清晰的理解,从而降低沟通成本和错误发生率,还能在人员变动时保持流程的连续性和一致性。通过编写详细的操作手册和制订详细的培训计划,组织可以确保新老员工都能快速适应并遵循标准化流程,减少因个体差异导致的操作偏差。

3. 数字化工具助力重复性任务自动化

自动化不仅能解放人力资源,使团队成员专注于更高价值的工作,还能提高任务的准确性和一致性。通过引入先进的技术工具,如机器人自动化流程和智能工作流系统,组织可以大幅度提高工作效率,减少人为错误,并实现资源的最优配置。

4. 建立清晰的任务分配机制

明确的职责分配能够避免重复工作和资源浪费,使每个团队成员都能清楚了解自己的角色和任务。通过使用项目管理软件和协作平台,组织可以实现对任务的透明化分配和实时监控,确保团队合作的顺畅进行和目标的高效达成。

(三)反馈机制建立

反馈机制不仅是提升科技资源使用效率的关键,也是确保项目顺利推进的基础。定期反馈会议机制的建立为团队成员提供了一个开放的交流平台,使其能够及时分享项目进展和遇到的问题。通过集体讨论,团队能够迅速形成解决方案,避免问题的积累和扩大。这样的机制不仅能够提高团队的协作能力,还能提高整体工作效率,确保项目目标的达成。

为了进一步增强反馈的及时性和便利性,可以设立在线反馈平台。在线反馈平台允许团队成员随时提交意见与建议,打破了时间和空间的限制,使反馈信息的收集更加灵活和高效。这种在线化的反馈方式不仅能提高信息传递的速度,还能促进团队成员之间的沟通与交流,从而更好地支持科技资源的优化配置和使用。

在反馈信息的处理上,需要制定明确的反馈处理流程。有效的反馈处理流程能够确保所有反馈信息都被系统地记录和分析,并转化为具体的改进措施。通过这种流程化的管理,组织可以更好地识别和解决存在的问题,优化资源配置,提高管理效率。反馈处理流程的规范化也能增强团队对反馈机制的信任和依赖,提高反馈参与的积极性。

建立反馈跟踪机制,确保对所有收集到的反馈进行后续跟进,有利于反馈机制的有效运作。通过对改进措施的效果和实施情况进行评估,组织能够及时调整管理策略,确保反馈机制的持续改进。这种动态的反馈跟踪机制不仅能提升反馈的有效性,还能增强团队成员的参与感和责任感,为科技资源管理的创新提供持续动力。

四、科技资源管理信息系统的应用

(一)系统功能模块

在数字化转型的背景下,科技资源管理信息系统通过多个功能模块的协同工作,提升了科技资源管理的整体效能。

系统功能模块不仅是整个系统的基础,还为其他模块的高效运作提供了保障。通过精心设计的功能模块,系统能够有效支持科技资源的管理与优化,确保信息的及时更新和准确传递。

系统的用户管理模块支持角色分配与权限控制,以确保不同层级用户的安全访问和操作。通过这一模块,系统可以根据用户的角色和职责为其分配相应的权限,确保信息的安全性和私密性。此外,用户管理模块还支持用户的身份验证和访问日志记录,这对于防范未授权访问和保障系统安全具有重要意义。该模块的应用不仅提升了系统的安全性,还提高了用户操作的便利性和效率。

数据集成模块能够从多个数据源收集、整合和实时更新科技资源信息。通

第三章　数字化转型背景下科技信息化管理的流程优化与创新

过这一模块,系统可以有效地提升数据的准确性和可用性,为决策提供可靠的数据支持。数据集成模块的功能还包括数据清洗和转换,以确保数据的一致性和完整性。通过实时数据的集成与更新,组织能够更迅速地响应市场变化和满足科技发展的需求,从而在竞争中占据有利位置。

资源调度与分配模块基于实时数据分析,动态调整资源配置,以提高资源使用的效率和灵活性。通过对资源需求和供应的智能分析,系统能够在资源紧缺时进行优先级排序和合理分配,确保资源的最大化利用。此外,该模块还支持对资源使用情况的实时监控和调整,以应对突发事件,提高组织的应变能力和资源管理水平。

报告与分析模块为科技资源管理信息系统提供了强大的数据可视化功能,支持对项目进展、资源使用和绩效评估的实时监控与分析。通过直观的报表,用户可以快速获取关键信息,识别管理中的问题和机会。该模块不仅支持定制化的报告生成,还提供多维度的数据分析功能,能够帮助管理者做出更为精准和科学的决策。

反馈管理模块负责收集用户反馈,并进行分类与分析,以优化用户体验和系统功能。通过对用户反馈的深入分析,系统能够识别出用户在使用过程中的痛点和需求,从而进行有针对性的改进和优化。反馈管理模块不仅提升了用户满意度,还推动了系统的创新和发展,确保科技资源管理信息系统能够持续满足组织和用户的需求。

(二)用户界面设计

用户界面设计不仅是系统与用户之间的桥梁,也是影响用户操作效率和满意度的关键因素。在设计用户界面时,设计者需要综合考虑用户需求、操作习惯及技术实现的可能性,确保系统的易用性和功能性。

1. 用户界面的直观性设计

直观的界面设计能够帮助用户迅速理解系统功能和操作步骤,从而提高工作效率。在设计过程中,需要充分考虑用户的认知特点和使用场景,以直观的图标、清晰的标签和合理的布局来引导用户操作,减少不必要的复杂性。这种设计理念不仅提升了用户的使用体验,也为系统的推广和普及奠定了基础。

2. 用户界面的响应式设计

随着移动设备的普及,用户越来越多地通过不同的设备访问信息系统。因此,用户界面必须具备良好的可用性和视觉效果,以适应各种屏幕尺寸和分辨率。响应式设计通过调整界面布局和元素大小,确保在桌面、平板和手机等设备上都能提供一致的使用体验。这不仅提升了用户的满意度,也增强了系统的灵活性和适应性。

3. 用户界面的个性化设计

通过允许用户根据个人需求调整界面布局和功能模块,系统能够更好地满足不同用户的个性化需求。用户可以根据自己的工作流程和偏好,自定义界面显示的内容和顺序,从而提高工作效率和舒适度。这种个性化不仅增强了用户对系统的归属感,也促进了用户与系统之间的深度互动。

4. 信息层级的清晰设计

通过合理的视觉层次和导航结构,用户可以轻松浏览和定位信息,减少搜索时间和操作负担。信息层级设计需要综合考虑信息的重要性和相关性,通过视觉对比、颜色区分和导航菜单等手段,引导用户高效地进行信息查找和决策。这种设计策略不仅提高了用户的操作效率,也增强了系统的信息可达性。

第四章　数字化转型背景下科技信息化管理的技术创新

第一节　大数据技术在科技信息化管理中的应用

一、大数据技术概述

（一）大数据的定义和特征

大数据是指在体量、速度和多样性方面超出传统数据处理能力的数据集合，通常包括结构化、半结构化和非结构化数据。大数据的兴起与信息技术的快速发展密不可分。随着互联网的普及和物联网设备的广泛应用，数据的生成速度和数量呈指数级增长，传统的数据处理技术已无法满足这种海量数据的分析和处理需求。因此，大数据技术应运而生，成为解决这一问题的重要手段。在科技信息化管理中，大数据的应用不是对数据的简单存储和检索，而是通过对数据的深度分析，挖掘出潜在的价值和信息，为决策提供科学依据。

大数据具有四个 V 特征，即体量（Volume）、速度（Velocity）、多样性（Variety）和价值（Value），这使大数据在分析和处理上具有独特的挑战和机遇。体量指的是数据的巨大规模，速度则意味着数据生成和处理的速度要求极高，多样性表明数据形式的多样化，包括文本、图像、音频等，价值则体现在从海量数据中提取有用信息的能力。在科技信息化管理中，大数据的这些特点要求管理者具备更高的技术能力和创新思维，以充分利用数据的潜在价值，推动组织的数字化转型和科技创新。

（二）大数据技术的关键技术

数据存储技术是大数据技术的基础，分布式文件系统和 NoSQL 数据库（非关系型的数据库)提供了高效的存储解决方案。这些技术允许将大量数据分布存储在多个节点上,以实现快速的数据访问和满足较高的容错要求。特别是在处理非结构化数据时,NoSQL数据库具有更强的灵活性,能够支持多种数据模型和查询方式,为科技信息化管理提供了强大的数据基础设施。

数据处理框架是大数据技术的核心,能够在内存中快速处理数据,具备实时数据分析的能力。相比传统的批处理系统,这些框架能够处理流数据,支持实时决策和即时反馈。在科技信息化管理中,这种实时处理能力能够帮助组织快速响应市场变化和用户需求。

数据挖掘算法在大数据技术中扮演了关键角色,通过应用如聚类、分类、关联规则等算法,可以从海量数据中提取潜在的信息和模式。科技信息化管理依赖这些算法来支持复杂的决策和预测。例如,聚类算法可以帮助识别用户群体的行为模式,分类算法可以用于风险评估,而关联规则可以揭示数据间的隐藏关系。这些算法的应用不仅拓展了数据分析的深度,还为科技信息化管理提供了智能化的支持。

数据可视化工具在大数据技术中不可或缺,它通过将复杂的数据分析结果以图形化方式呈现,帮助用户更直观地理解数据背后的信息和趋势。在科技信息化管理中,数据可视化工具能够将分析结果转化为易于理解的图表,使决策者能够快速掌握关键数据,做出明智的决策。这种直观的数据呈现方式不仅提高了数据的可解释性,还提高了数据驱动决策的效率和准确性。

二、大数据在科技信息化管理中的数据采集与预处理

(一)数据来源与类型

在数字化转型的背景下,科技信息化管理对数据的依赖性日益增强。数据来源的多样性和复杂性是当前大数据技术应用的一大特点。传感器数据是其中的重要组成部分,它主要来自物联网设备和传感器,能够实时提供环境监测和设备状态等信息。这些数据的实时性和准确性为科技信息化管理奠定了可靠的基

础,使管理者能够及时了解设备运行状况和环境变化,从而优化资源配置和决策过程。社交媒体数据也是科技信息化管理中不可或缺的一部分。用户在社交平台上公开的文本、图片和视频等数据,不仅反映了用户的行为和趋势,还为企业提供了洞察消费者需求和市场动态的重要依据。这些数据的非结构化和多样性对数据处理技术提出了更高的要求。

交易数据是企业运营过程中不可忽视的数据类型。企业在日常运营中会产生大量的销售、采购和库存等交易记录,这些数据为业务分析奠定了坚实的基础。通过对交易数据的深入分析,企业能够洞察市场需求,优化供应链管理,提升客户满意度。交易数据的准确性和及时性直接影响企业的决策效率和市场竞争力。日志数据在科技信息化管理中扮演着重要角色。系统和应用程序生成的操作记录,能够帮助分析系统性能和用户行为。这些数据不仅能为系统优化提供依据,还能帮助企业识别潜在的安全威胁和性能瓶颈,从而提升系统的稳定性和安全性。

公开数据是科技信息化管理中一个重要的数据来源。政府、研究机构等发布的公共数据集,涵盖了经济、社会、环境等领域,为分析和研究提供了丰富的素材。这些数据的开放性和多样性为科技信息化管理的创新提供了广阔的空间。通过对公开数据的深入挖掘,企业和研究机构能够获得更全面的行业洞察和社会动态,从而推动科技信息化管理的进一步发展。公开数据的使用不仅提高了数据资源的利用效率,还促进了数据共享和合作,为数字化转型注入了新的活力。

(二)数据采集方法与工具

在数字化转型的背景下,数据采集不仅包括传统的手动输入和批量导入,还包括自动化、智能化的采集手段。现代数据采集方法涵盖了从传感器网络到爬虫技术的广泛应用,工具则从简单的脚本到复杂的数据平台不一而足。有效的数据采集方法需要考虑数据源的多样性、数据格式的兼容性,以及实时性和准确性的平衡。通过采用合适的方法与工具,科技信息化管理能够实现高效的数据收集,为后续的数据分析和决策支持奠定坚实的基础。

传感器数据采集技术在科技信息化管理中扮演着重要角色,尤其是在物联网和智能设备的广泛应用下,其重要性愈加凸显。传感器能够实时、自动地收集环境数据、设备状态和用户行为等信息,这为科技信息化管理提供了丰富的数据来源。传感器数据采集的优势在于其高精度、低延迟和自动化特性,能够有效减少人为干预和误差。通过传感器网络的构建,科技信息化系统可以实现对物理世界的实时监控和分析,从而提高管理效率和决策的科学性。这种技术的应用不仅提升了数据采集的质量,还为后续的数据分析和应用创新提供了更多可能。

交易数据的实时监控与采集是科技信息化管理中的关键环节,特别是在金融、零售等行业,其重要性不言而喻。实时监控技术通过高频采集和流数据处理,确保交易数据的时效性和准确性。常用的方法包括基于消息队列的流处理架构和分布式数据库的实时同步,这些方法能够快速响应交易动态,及时发现异常和风险。通过实时采集与监控,科技信息化管理不仅能提高运营效率,还能为风险控制和决策优化提供数据支持。

日志数据是科技信息化管理中的重要数据源之一,其自动化采集工具与流程的设计对数据分析的质量和效率至关重要。自动化工具通常包括日志收集器、解析器和存储系统,其能够高效地从各类系统中提取运行状态、错误信息和用户行为等日志数据。流程的自动化设计则确保了数据的连续性和一致性,减少了人工干预的需求。通过自动化采集,科技信息化管理能够快速构建日志数据仓库,为系统优化、故障排查和用户行为分析提供可靠的数据支持。

(三)数据预处理流程

数据预处理是数据科学和数据分析中的关键步骤,旨在提高数据质量,为后续的数据分析和模型构建奠定坚实的基础。

1. 数据清洗

数据清洗是数据预处理的第一步,它直接关系到数据分析结果的可靠性。有效的数据清洗可以减少数据噪声,提高数据的质量,从而为科技信息化管理提供更为精准的支持。

2. 数据转换

数据转换是将不同格式和结构的数据进行统一处理的过程,以便后续分析和应用。常用的技术包括数据规范化和标准化,这些技术可以将数据转换为统一的格式,消除由于数据格式多样性带来的分析困难。数据转换的目标是提高数据的可用性和一致性,使数据在不同系统和应用之间能够无缝流通,为科技信息化管理提供便利。

3. 数据集成

数据集成通过将来自不同来源的数据进行整合,形成统一的数据视图,常用的工具有提取、转换、加载工具。数据集成的挑战在于如何在保证数据一致性的同时提高数据整合的效率。通过有效的数据集成,科技信息化管理可以实现跨平台的数据共享和协同,提升信息化管理的整体效能。

4. 数据特征工程

特征工程通过选择、提取和构造特征,提升模型的预测能力和分析效果。它确保数据更具代表性,从而使模型能够更准确地捕捉数据中的潜在模式和趋势。特征工程的质量直接影响后续模型的性能,是科技信息化管理中提高数据分析能力的重要手段。

三、大数据在科技信息化管理中的数据分析与挖掘

(一)数据分析方法与模型

随着数字化转型的深入,企业和组织需要从海量数据中提取有价值的信息,以支持决策和战略制定。在此背景下,数据分析方法和模型的选择与应用显得尤为重要。

描述性分析方法通过对数据进行汇总和统计,揭示数据的基本特征和主要趋势,为后续分析奠定基础。描述性分析是数据分析的起点,通过对数据的汇总统计,研究者可以快速了解数据的分布情况、集中趋势和离散程度。常用的描述性分析方法包括均值、中位数、众数、标准差、方差等统计指标,以及直方图、箱线图等可视化工具。这些方法帮助决策者在海量数据中识别出关键特征和趋势,为后续的预测性和诊断性分析提供了重要的参考依据。

预测性分析模型利用历史数据和统计模型,对未来趋势进行预测。常用的模型包括回归分析和时间序列分析。预测性分析在科技信息化管理中具有重要的战略意义,它通过对历史数据的分析,帮助企业预判未来的市场变化和需求趋势。回归分析通过建立变量之间的关系模型,预测因变量的变化,而时间序列分析则通过对时间序列数据的研究,预测未来的趋势和波动。这些模型的应用,不仅提高了企业的决策效率,还增强了其市场竞争力。通过预测性分析,企业可以提前调整战略,优化资源配置,从而在激烈的市场竞争中占据主动。

诊断性分析技术通过对数据的深入分析,识别出数据中存在的问题和原因,帮助决策者理解事件发生的背景。诊断性分析是对数据进行深入挖掘的过程,其目的在于发现数据中的异常,并分析其背后的原因。通过诊断性分析,企业可以识别出运营中的瓶颈和不足之处,从而采取相应的改进措施。常用的诊断性分析技术包括因果分析、异常检测和根本原因分析等。这些技术帮助企业深入理解数据背后的故事,从而为管理决策提供更为精准的信息支持。通过诊断性分析,企业能够更好地把握运营中的关键问题,提高管理效率和效益。

规范性分析框架基于模型和算法,提出优化建议和决策支持,帮助企业在复杂环境中制定有效的策略。规范性分析是数据分析的高级阶段,其目标是为企业提供优化和决策建议。通过建立复杂的模型和算法,规范性分析能够模拟不同的情景和策略,帮助企业选择最佳的行动方案。常用的规范性分析工具包括线性规划、整数规划和多目标优化等。这些工具能帮助企业优化资源配置,使其在多变的市场环境中保持竞争优势。通过规范性分析,企业能够制定出更为科学和合理的决策,从而在数字化转型的浪潮中取得成功。

(二)数据挖掘技术与应用

利用先进的算法和工具,数据挖掘可以从大量的原始数据中提取出有价值的信息。这些信息不仅能帮助企业和组织做出更加明智的决策,还能促进业务流程的优化和创新。在数字化转型背景下,数据挖掘技术的应用范围不断扩大,其在各行各业的影响力也日益增强。通过分析和处理大数据,组织能够更好地理解市场动态、用户需求和技术趋势,从而在竞争中占据优势地位。

数据挖掘中的分类技术是其核心方法之一。分类技术通过使用算法如决策树和支持向量机,对数据进行精确的分类与预测。这些算法可以识别不同类别的特征和行为,提升组织的洞察力。例如,在客户关系管理中,分类技术可以帮助识别高价值客户和潜在流失客户,从而制定有针对性的营销策略。此外,在医疗领域,分类技术可以用于疾病的早期诊断和风险预测,提高医疗服务的质量和效率。通过对大量历史数据的分析,分类技术在科技信息化管理中展现出强大的应用潜力。

聚类分析作为一种无监督学习方法,广泛应用于数据挖掘中。通过将数据集划分为不同的组,聚类分析能够揭示数据中的自然分布和模式。这种分析方法有助于企业理解用户群体和细分市场。企业可以利用聚类分析识别不同客户群体的特征,从而制定差异化的产品和服务策略。此外,聚类分析还可以用于探索新的市场机会和优化资源配置。在科技信息化管理中,聚类分析使组织有了更为细致和深入的市场洞察力。

关联规则挖掘是一种用于发现数据之间关系的技术。通过分析数据中的潜在关联和模式,关联规则挖掘在市场篮子分析和推荐系统的构建中发挥着重要作用。例如,零售商可以通过关联规则挖掘发现商品之间的购买关系,从而优化商品陈列方式和促销策略。在科技信息化管理中,关联规则挖掘能够帮助组织识别业务流程中的关键环节和潜在风险,从而提高其运营效率和决策质量。

文本挖掘技术通过应用自然语言处理技术,对非结构化文本数据进行分析和处理。文本数据通常包含丰富的语义信息,但由于其非结构化的特性,传统的数据分析方法难以直接应用。文本挖掘技术能够提取文本中的关键信息和情感倾向,为决策提供支持。例如,在舆情分析中,文本挖掘技术可以帮助组织实时监测公众对品牌或产品的态度,及时调整市场策略。在科技信息化管理中,文本挖掘技术为组织提供了处理和分析海量文本数据的能力,推动了信息化管理的创新和发展。

四、大数据在科技信息化管理中的决策支持

(一)基于大数据的决策流程

在现代科技信息化管理中,基于大数据的决策流程以数据驱动为核心,确保了决策的科学性和准确性。通过数据驱动,管理者能够获得更为客观的视角,从而做出更为合理的决策。

决策流程的完整性依赖多个关键环节,包括数据的收集、清洗、分析和可视化。数据收集是决策流程的起点,需要确保数据的全面性和准确性。数据清洗是为了去除噪声和错误数据,从而提高数据质量。数据分析则是通过统计方法和算法模型,挖掘数据中隐藏的模式和趋势。数据可视化将复杂的数据结果以直观的图表形式呈现出来,帮助决策者快速理解数据背后的信息。这一闭环管理流程确保了决策的连续性和反馈机制的有效运作。

(二)大数据对决策的影响

大数据的核心影响在于为决策提供实时信息,使企业能够及时识别市场变化和用户需求。这种能力有助于企业在快速变化的市场环境中保持竞争力。通过实时的数据分析,企业可以迅速调整策略,以适应新的市场动态,从而在竞争中占得先机。

数据驱动的决策过程减少了传统决策中常见的主观判断偏差。大数据提供了一个客观的基础,使决策更加科学和准确。通过对大量数据的分析,企业能够

识别出潜在的风险和机遇,从而制定更为稳健的战略。这种基于数据的决策方法不仅提高了决策的质量,也提升了企业在市场中的决策能力。

大数据分析揭示了隐藏的模式和趋势,能够帮助企业在竞争中获得优势。通过对历史数据的深入分析,企业可以预测未来的发展趋势,进而制定更为有效的策略。这种前瞻性的决策能力使企业能够在市场变化中保持领先地位。

基于大数据的决策支持系统还能够整合不同来源的数据,促进跨部门的协作。这种整合能力提高了信息共享的效率,确保各部门在决策过程中能够获得最新和最全面的信息。这种协作不仅提高了决策的效率,也增强了企业内部的凝聚力。

第二节 人工智能技术在科技信息化管理中的应用

一、人工智能技术概述

(一)人工智能的定义与特点

人工智能(AI)是指通过模拟人类智能过程,使机器能够执行任务的技术。这一技术的核心在于机器不仅能够执行预设的程序,还能通过学习、推理和自我修正来提升自身的能力。

人工智能的特点之一是自适应性。自适应性使人工智能系统能够根据环境变化和数据输入不断调整和优化自身的行为和决策。这种能力使人工智能在动态的环境中仍能保持高效的工作状态。

人工智能技术能够处理大量数据,识别复杂模式,从而在决策支持和预测分析等领域提供有效的解决方案。在现代社会中,数据量呈指数级增长,传统的信息处理方式已无法应对如此庞大的数据集,而人工智能的出现为此提供了新的可能。通过对大量数据的分析,人工智能能够识别出隐藏在数据中的模式和趋势,从而为决策者提供科学依据。

此外,人工智能系统通常具备交互能力,能够通过自然语言处理与用户进行有效沟通。这不仅提高了用户体验,也提高了操作效率,使人机交互更加自然和流畅。通过自然语言处理,人工智能可以理解和生成人类语言,从而实现与用户的无缝对话,这在客户服务、智能助手等应用中尤为重要。

(二)人工智能的主要技术和算法

人工智能的核心在于通过模拟人类智能来解决复杂问题。其主要技术包括机器学习、深度学习、自然语言处理和计算机视觉等。这些技术通过各种算法实现了从数据中提取信息的能力,使人工智能在许多领域得以广泛应用。

第一,机器学习算法。机器学习是人工智能的一个重要分支,它通过算法从数据中学习模式并进行预测。监督学习依赖标记数据集进行模型训练,常用于分类和回归任务;无监督学习则不需要标记数据,常用于数据聚类和降维;强化学习通过与环境的交互来学习策略,广泛应用于机器人控制和游戏等领域。这些算法的核心在于通过数据训练模型,使模型具备自动化的决策能力,为科技信息化管理提供了智能化支持。

第二,深度学习技术。深度学习通过多层神经网络结构实现对复杂数据的建模。其优势在于能够自动提取数据的高层次特征,特别适用于处理大规模和高维度的数据集。在图像识别中,卷积神经网络(CNN)通过多层卷积和池化操作实现对图像特征的提取和分类;在语音识别中,循环神经网络(RNN)及其变体长短时记忆网络(LSTM)通过捕捉序列信息实现对语音信号的识别。这些技术的进步极大地提高了科技信息化管理系统的智能化水平。

第三,自然语言处理。自然语言处理(NLP)是人工智能的重要组成部分,旨在使计算机能够理解和生成自然语言。通过词向量、语义分析和生成对抗网络等技术,NLP实现了文本分析、情感分析和机器翻译等功能。在智能客服领域,NLP技术通过语音识别和语义理解,实现了自动化的客户服务和问题解答,显著提升了人机交互的效率和用户体验。这些应用在科技信息化管理中,极大地提

第四章　数字化转型背景下科技信息化管理的技术创新

高了信息处理和决策的智能化水平。

第四,计算机视觉技术。计算机视觉是人工智能的一个关键领域,致力于使计算机具备人类视觉的理解能力。通过深度学习技术,如卷积神经网络(CNN)和生成对抗网络(GAN),计算机视觉实现了图像识别、目标检测和图像分割等功能。在安防监控中,计算机视觉技术通过实时视频分析实现异常行为检测;在自动驾驶中,通过环境感知和路径规划实现车辆的自动导航;在医疗影像分析中,计算机视觉辅助医生进行疾病诊断和治疗方案制定。这些技术的应用为科技信息化管理提供了强大的视觉分析能力。

二、信息检索中的人工智能应用

随着数据量的爆炸式增长,传统的信息检索方法已难以应对复杂多样的查询需求。通过应用人工智能技术,信息检索算法得以大幅度优化,能够更快速地从海量数据中提取相关信息。这种优化不仅提高了检索速度,还显著提升了检索准确性和用户满意度。利用深度学习和机器学习技术,信息检索系统能够自动学习和适应用户的查询模式,从而提供更符合用户需求的结果。

信息检索算法的基本原理与流程涉及多个步骤。首先是文本的预处理,包括分词、去除停用词和词干提取等,以便将文本转化为计算机可以理解的形式。其次是索引构建,通过倒排索引等技术提高检索效率。再次是查询处理,系统会分析用户输入的查询语句,并将其与索引中的文档进行匹配。最后是结果排序与呈现,基于相关性评分将最符合的文档呈现在用户面前。这一流程在人工智能的加持下,能够实现更高效和智能化的操作。

自然语言处理在信息检索中的应用极大地提高了系统的智能化水平。通过自然语言处理技术,信息检索系统能够解析用户的自然语言查询,实现更自然和人性化的交互。自然语言处理技术包括语法分析、语义理解和情感分析等,使系统不仅能识别关键词,还能理解上下文信息和用户的查询意图,从而提供更精确的检索结果。这一技术的应用,使信息检索系统更贴近人类的语言习惯和思维方式。

信息检索系统中的语义分析技术是实现智能检索的核心。语义分析技术通过理解词语之间的关系和上下文信息，帮助系统识别和解析用户的查询意图。与传统的关键词匹配不同，语义分析能够捕捉到更深层次的语义信息，从而提高检索的准确性和相关性。这一技术的应用，使信息检索系统不仅能处理简单的查询，还能应对复杂的语义问题，为用户提供更有价值的检索结果。

机器学习在信息检索效果优化中的作用不可忽视。通过机器学习算法，信息检索系统能够不断学习和改进，从而提高检索效果。机器学习技术使系统可以根据用户反馈和检索结果的表现，自动调整和优化检索策略。这种自适应的能力，使信息检索系统能够在不断变化的环境中保持高效和准确，从而为用户提供更优质的服务。

三、科技信息化管理中的智能客服与服务

(一)智能客服的原理和技术

智能客服系统的基本原理是通过自然语言处理技术理解用户的查询，并通过预设的知识库或机器学习模型生成相应的回答。这个过程涉及对用户输入的语言进行分析和理解，确保系统能够准确识别用户的意图，并提供最相关的回应。这不仅提高了用户与系统的交互效率，也使企业具备了更为精准的服务能力。

智能客服技术通常集成了先进的语音识别算法和语音合成技术，使用户可以通过自然的语音输入与系统进行互动。这种交互方式极大地提升了用户体验和操作便捷性，尤其在移动设备和智能家居设备中，语音交互的便捷性尤为突出。此外，语音技术的进步使智能客服系统能够在嘈杂环境中准确识别用户的语音输入，进一步拓展了其应用场景。

智能客服系统利用机器学习算法不断学习用户的提问模式和偏好，从而优化其响应的准确性和相关性。通过对用户历史交互数据的分析，智能客服系统

第四章 数字化转型背景下科技信息化管理的技术创新

能够不断更新和完善自身的知识库和响应策略。这种自我学习和优化的能力，使智能客服系统能够随着时间的推移提供越来越精准的服务。机器学习算法的应用也使智能客服系统能够预测用户的需求，并在用户提出问题之前主动提供建议和解决方案，进一步提升用户满意度。

智能客服系统还可以通过情感分析技术识别用户的情绪状态，以提供更加人性化的服务。情感分析技术通过分析用户的语音、文本等输入内容，识别出用户的情绪状态，从而调整系统的响应方式。例如，在用户表现出不满情绪时，智能客服系统可以提供更加温和和安抚性的回答，以缓解用户的不满情绪。这种情感识别和响应的能力，丰富了用户与系统之间的互动体验，提高了用户满意度和忠诚度。

智能客服系统的架构通常包括用户接口、处理层和知识库，确保系统具备良好的扩展性和灵活性。用户接口负责接收用户的输入并展示系统的输出，处理层则负责对用户输入的分析和响应生成，而知识库则存储了系统所需的信息和知识。这种模块化的架构设计，使智能客服系统能够根据不同的需求进行灵活调整和扩展，以适应不断变化的用户需求和技术发展。通过不断优化和扩展，智能客服系统能够在数字化转型的背景下，为企业提供更为高效和智能的服务支持。

（二）智能服务的创新与发展

随着人工智能技术的不断进步，智能服务不仅能够提高信息处理的效率，还能通过深度学习和数据分析为用户提供更加精准的服务。

1. 智能服务的个性化定制能力

智能服务通过对用户数据的全面分析，能够提供量身定制的服务方案。这种能力不仅提升了用户满意度，也增强了用户的忠诚度，使服务提供者能够更好地满足用户的多样化需求。在数字化转型的背景下，个性化定制已经成为智能服务的重要发展方向之一。

2. 智能服务的自适应学习机制

通过持续的用户反馈和行为分析,智能服务能够动态调整和优化其内容和交互方式,以增强用户体验。这种自适应能力使智能服务能够在面对不同用户群体时,依然保持高效和优质的服务水平。用户的每一次交互都成为智能服务学习和进化的机会,从而不断提升服务的智能化程度和用户满意度。这一机制不仅提高了服务的灵活性和适应性,也使服务提供者能够更好地预测和满足用户的潜在需求。

3. 智能服务的多渠道整合功能

现代用户往往通过多种平台进行信息获取和服务互动,如手机应用、网站和社交媒体等。智能服务在多渠道整合中的应用,使用户能够在不同平台上获得一致的服务体验。这种整合能力不仅提升了用户的便利性,也提高了服务的整体效率和一致性。通过多渠道整合,服务提供者能够实现更广泛的用户覆盖,并在不同的接触点上提供无缝衔接的服务体验,从而提升用户的整体满意度。

4. 智能服务的情感识别功能

通过情感分析技术,智能服务能够更好地理解用户的情绪状态,从而提供更加人性化的服务。这一功能的实现依赖先进的自然语言处理和机器学习技术。情感识别功能的引入,使智能服务在用户互动中更加贴近人性化需求,提升了用户体验的深度和质量。这种情感智能在未来的服务发展中,具有广阔的应用前景。

5. 智能服务的实时响应能力

依托先进的技术架构,智能服务能够实现对用户请求的快速处理和反馈。实时响应能力不仅丰富了用户的使用体验,也提高了服务的整体效率和可靠性。在信息化管理中,实时响应能力的提升,使服务提供者能够更加及时地满足用户需求,减少用户等待时间,提升用户的整体满意度。这种能力的提升需要高效的数据处理和传输技术作为支撑,是智能服务创新发展的重要方向之一。

四、科技信息化管理中的智能预测与规划

(一)预测模型的选择与开发

预测模型的基本类型主要包括回归模型、时间序列模型和机器学习模型。回归模型通常用于分析变量之间的关系,适用于线性关系较为明显的数据集。时间序列模型则专注于处理具有时间依赖性的序列数据,适用于金融市场趋势预测、库存管理等领域。机器学习模型因其强大的自适应能力和非线性处理能力,在处理复杂的数据和满足多维度分析需求时表现突出。每种模型都有其特定的应用场景和数据特征需求,选择合适的模型类型是确保预测准确性的第一步。

模型的选择标准直接影响预测的效果。选择合适的预测算法需要综合考虑数据的性质、业务需求和预测目标。数据的性质包括数据量、维度、分布等特征;业务需求则可能涉及预测的实时性、精度、可解释性等;预测目标则是决策者最终希望实现的结果。通过对这些因素的综合分析,决策者能够选择出最能满足实际需求的预测算法,从而提高决策的科学性和有效性。

模型训练与验证的流程是预测模型开发中的关键环节。在训练过程中,数据集通常被划分为训练集、验证集和测试集,以确保模型在未见过的数据上也能表现良好。交叉验证技术通过多次划分数据集,进一步提高模型的稳定性和泛化能力。性能评估则通过一系列指标,如均方误差、准确率等,来衡量模型的预测能力。这个流程不仅确保了模型的准确性和可靠性,也为模型的持续优化提供了依据。

(二)规划方法和工具

规划方法的基本框架通常包括目标设定、资源分配和时间管理。目标设定

是规划的起点，明确的目标可以引导整个规划过程的方向。资源分配则确保了规划的执行具备足够的支持，合理的资源配置能够提高规划的效率。时间管理作为规划的重要组成部分，可确保各项任务能够按时完成，提高规划的系统性和有效性。这些要素的结合，使规划过程不仅具备逻辑性，还能在实践中有效落地。

在科技信息化管理中，数据分析工具的运用为需求预测提供了新的视角。通过对大量数据的分析，企业可以识别市场趋势和客户需求，从而制定出更为精准的战略规划。这种基于数据驱动的规划方法，不仅能提高预测的准确性，还能帮助企业在竞争激烈的市场中保持敏锐的洞察力。数据分析工具的应用，使企业在制定规划时，能够更好地把握市场动态，减少决策的盲目性，提升整体战略的科学性。

敏捷规划方法的采用，使科技信息化管理中的规划过程更加灵活。通过迭代和反馈机制，规划能够快速适应环境变化和市场需求。这种方法强调在规划过程中不断进行小规模的调整和优化，使企业能够在不确定的市场环境中保持灵活性和竞争力。敏捷规划不仅能提高规划的适应性，还能在不断变化的市场中帮助企业快速捕捉机遇，规避潜在风险，确保了规划的持续有效性。

可视化工具在规划方案的呈现中发挥着重要作用。可视化工具可以将复杂的规划内容以更直观的方式呈现给决策者，从而增强其对规划内容的理解，提高沟通效率。可视化工具不仅能够提高团队协作的效果，还能在规划的执行过程中，帮助各个部门更好地理解和执行规划内容。通过表格、图形等形式的展示，规划方案能够更加清晰地传达其核心思想，促进各方在规划执行中的协调与合作。

五、科技信息化管理中的智能监控与检测

（一）监控系统与技术

现代监控系统的基本组成通常包括传感器、数据处理单元和用户接口。这些组件共同协作，确保了信息的实时采集和反馈。传感器负责从环境中获取各种数据，如温度、湿度、视频影像等；数据处理单元则对这些数据进行分析和处

第四章　数字化转型背景下科技信息化管理的技术创新

理;用户接口则将处理后的信息呈现给用户,以便用户能够做出及时的决策。通过这种结构化的系统设计,监控系统能够实现对复杂环境的全面监控和管理。

智能监控技术的应用极大地提高了科技信息化管理的效率和精确性。视频分析技术是其中的一个重要应用,它能够自动识别视频中的潜在问题,如异常行为或安全隐患,并及时报警。这种自动化的识别和报警机制,极大地减轻了人工监控的负担,提高了系统的响应速度和准确性。此外,异常检测技术通过对数据的实时分析,能够识别出偏离正常状态的情况,为管理者提供预警信息,从而防止问题的进一步扩大。

基于人工智能的监控系统优化能够有效提高监控系统的效率。通过机器学习算法,监控系统能够不断学习和适应新的环境变化,提升数据分析能力和响应速度。机器学习算法可以识别出监控数据中的模式和趋势,从而优化报警机制和信息反馈流程。这种自我优化的能力,使监控系统能够在不断变化的环境中保持高效运作,为科技信息化管理提供了强有力的支持和保障。通过持续的优化和改进,基于人工智能的监控系统将成为未来科技信息化管理的重要支撑。

(二)检测方法和手段

1. 基于规则的检测方法

通过设定一系列规则和阈值,系统能够在特定条件下识别异常情况并及时报警。这种方法的优势在于其具有明确性和可控性,尤其在已知风险和固定流程的场景中,能够取得可靠的监控效果。然而,随着系统复杂性的增加,单纯依赖规则的检测方法可能面临灵活性不足的问题,因此需要结合其他技术手段来提高系统的智能化水平。

2. 机器学习算法

通过对大量历史数据的分析和模型训练,机器学习算法能够识别正常与异常模式,实现对系统运行状态的智能检测和预测。这种方法不仅能够提高检测的准确性,还能在一定程度上实现自适应调整,以应对不断变化的环境和需求。

机器学习在异常检测中的应用，尤其是在处理复杂和非线性数据时，展现出强大的能力。然而，机器学习算法的有效性依赖高质量的数据和精确的模型训练，这对数据采集和处理提出了更高的要求。

3. 数据流监控技术

数据流监控技术的应用使系统能够及时发现潜在问题并进行处理，从而提升系统的响应能力。这种技术的优势在于其具有实时性和动态性，能够在数据产生的瞬间进行分析和判断，适用于需要快速反应的场景。数据流监控技术依赖高效的数据处理架构和算法设计，以确保在海量数据处理中不丢失关键信息。这一技术也需要与其他检测手段相结合，以确保全面的监控效果。

4. 多源数据融合检测技术

通过结合来自不同传感器和系统的数据，多源数据融合检测技术能够在更广泛的背景下进行异常检测和分析。这种方法的优势在于其具有综合性和全面性，能够弥补单一数据源可能存在的不足。多源数据融合不仅需要解决数据格式不统一、数据量庞大等挑战，也需要设计有效的融合算法，以确保不同来源数据的协调一致。通过多源数据融合，监控系统可以提高准确性和可靠性，从而为科技信息化管理提供坚实的技术支持。

第三节 区块链技术在科技信息化管理中的应用

一、区块链技术在科技信息化管理中的基本原理

（一）分布式账本技术

分布式账本技术的核心在于通过去中心化的方式，确保所有参与者都能访问到相同的交易数据。这种去中心化的特性不仅提高了数据的透明度，还

增加了各方之间的信任度。在传统的集中式系统中,数据往往由单一的中心化机构管理,这种模式容易导致数据被篡改或丢失。分布式账本技术通过将数据分布存储在多个节点上,消除了单点故障的风险,可确保数据的完整性和可追溯性。

分布式账本技术利用加密算法来保障数据的安全性。通过复杂的加密机制,分布式账本技术确保了交易记录在网络中不可篡改,极大地增强了系统的安全性和可靠性。每笔交易在被添加到账本之前,都会经过严格的验证和确认过程,这个过程由网络中的多个节点共同参与,确保交易的真实性和有效性。即便在面对恶意攻击时,系统仍能保持高度的安全性和稳定性。

分布式账本技术还支持智能合约的执行,这是一种嵌入区块链中的自动化协议。智能合约的引入减少了对中介的需求,通过预先设定的条件自动执行合约条款,提高了交易效率并降低了运营成本。这种自动化的交易模式不仅加快了交易速度,也减少了人为干预所带来的不确定性和风险,为科技信息化管理提供了更高效的解决方案。

分布式账本技术能够实现多方数据共享与协作,促进各参与方之间的实时信息交流。这种实时性的信息交换优化了业务流程和决策支持,使各方能够更快速地响应市场变化和用户需求。在科技信息化管理中,分布式账本技术为实现跨组织、跨地域的协同合作提供了强大的技术支撑,推动了行业的创新和发展。

(二)共识机制

共识机制的基本作用在于确保所有参与者对区块链网络中的数据一致性达成共识。通过这一机制,区块链网络能够在没有中央权威的情况下运作,各节点通过特定的协议彼此验证和确认交易。这种去中心化的特性使区块链具备了高可靠性和透明度。在科技信息化管理中,利用共识机制可以有效提高数据管理的效率和安全性,确保信息的真实性和不可篡改性。

不同类型的共识机制,如工作量证明、权益证明和委托权益证明,各自有其独特的特点和适用场景。工作量证明机制以其强大的安全性著称,但因其高能耗和低效率在某些应用中受到限制。权益证明通过持有代币的数量和时间来决定记账权,能有效减少资源消耗。委托权益证明则在此基础上进一步优化,通过选举代表节点来提高交易速度和效率。在科技信息化管理中,选择合适的共识机制至关重要,以便在保障安全性的同时提升系统性能。

共识机制有利于维护区块链网络的安全性。通过防止恶意攻击和数据篡改,共识机制确保了网络的完整性。特别是在去中心化的环境中,攻击者难以同时控制多个节点以篡改数据,这一特性使区块链在信息化管理中具有很高的应用价值。此外,共识机制还通过复杂的加密算法保护数据的机密性和完整性,极大地提升了信息化管理系统中数据的安全性。

共识机制有助于提高交易效率。通过优化算法和流程,许多共识机制能够显著减少交易确认时间和资源消耗。例如,委托权益证明通过减少参与共识的节点数量,提高了交易处理速度,适合高频交易的场景。在科技信息化管理中,这种效率的提高意味着可以更快速地处理大量数据,满足实时性要求,进而推动整体信息化管理水平的提高。

二、区块链技术在数据安全与隐私保护中的应用

(一)数据加密与解密

在数字化转型的背景下,数据的传输和存储安全成为企业和机构关注的焦点。通过加密技术,信息在传输过程中被转换为密文,只有持有正确密钥的用户才能解密查看。该过程不仅保障了信息的私密性,还维护了数据的完整性,防止其在传输过程中被恶意篡改。

数据加密技术的核心在于使用特定的算法将明文转换为密文,使其在传输和存储过程中保持安全。其基本原理涉及复杂的数学运算,并通过密钥的使用使加密后的信息难以被破解。密钥的长度和复杂度直接影响加密的强度。在信息化管理中,采用先进的加密算法,如高级加密标准,可以有效防止数据泄露。

加密技术不仅能在传输过程中发挥作用,也可以在数据存储时确保信息在未经授权的情况下不被访问和篡改。

对称加密和非对称加密是两种主要的加密方法。对称加密使用相同的密钥进行加密和解密,速度快,适用于大量数据的快速加密。其缺点在于密钥分发的安全性问题。非对称加密使用一对密钥——公钥和私钥,公钥用于加密,私钥用于解密。虽然非对称加密速度较慢,但其安全性更高,适用于需要高安全性的数据传输场景。两者结合使用,可以在保证安全的同时提高效率。

数字签名技术在信息安全中用于验证消息的来源和完整性。数字签名可以被用来确认信息的发送者身份,并确保信息在传输过程中未被篡改。数字签名使用私钥进行签名,接收者使用公钥进行验证,确保了信息来源的真实性。这一技术在电子商务、金融交易等领域广泛应用,为信息化管理奠定了坚实的安全基础。

数据解密过程是确保信息安全的最后一步。只有授权用户持有正确的密钥,才能将密文转换回可读的明文。解密过程涉及复杂的算法运算,确保密钥的唯一性和安全性是关键。通过严格的权限管理和密钥保护措施,信息化管理系统可以有效防止未经授权的访问,保障数据安全。解密技术在保护敏感信息及保护用户隐私方面具有不可替代的作用。

（二）用户身份验证

用户身份验证的基本定义强调了用户在访问系统时身份的真实性,以防止出现未授权访问。区块链技术的分布式账本特性赋予了身份验证新的维度,通过去中心化的方式记录和验证用户身份信息,极大地降低了中心化数据库可能遭遇的安全风险。这种去中心化的验证机制不仅提升了数据的安全性,还增强了用户对数据隐私保护的信心。此外,区块链的不可篡改性确保了用户身份信息的完整性,进一步提升了系统的安全性。

多因素身份验证(Multi-factor Authentication,MFA)是增强系统安全性的关键手段之一。通过要求用户提供多种身份验证信息,如密码、短信验证码、指纹等,MFA 能够有效预防单一验证方式被攻破的风险。区块链技术在 MFA 中的应用体现为将不同验证因素的记录进行分布式存储,确保每一个验证步骤的独立性和安全性。这样不仅能提高身份验证的难度,还能在发生安全事件时,快速追溯和定位问题所在,从而及时采取应对措施,保障系统的整体安全。

生物识别技术包括指纹识别、面部识别和虹膜识别等,为身份验证提供了更高的安全性和用户便利性。区块链技术为生物识别数据的存储和管理提供了安全、可靠的解决方案。将生物识别数据以加密形式存储在区块链中,可以确保数据的不可篡改和隐私保护。同时,用户在进行身份验证时,无须将生物识别数据传输到中心化服务器,从而减少了数据泄露的风险。

基于角色的访问控制(Role-Based Access Control,RBAC)与身份验证的结合,是确保用户在系统中的访问权限与其身份相符的重要机制。区块链技术通过智能合约为 RBAC 提供了自动化和透明化的支持。智能合约可以根据用户的角色自动分配相应的权限,并在用户身份发生变化时,及时更新权限配置。这种机制不仅提高了系统的灵活性和效率,还减少了人工管理的复杂性和错误风险。

(三)数据访问控制

数据访问控制的核心在于确保数据的安全性和隐私性,特别是在科技信息化管理中,数据的敏感性和复杂性使访问控制成为关键环节。数据访问控制的基本原则是最小权限原则,这一原则强调用户仅能访问其工作所需的最少数据,从而有效减少数据泄露的风险。通过严格限制用户权限,系统可以最大限度地保护敏感信息,预防未经授权的访问和潜在的数据滥用。

动态访问控制策略的实施有利于提升系统的灵活性和安全性。随着用户行为和环境的实时变化,访问权限需要随之调整。区块链技术可以通过智能合约和链上记录实现动态访问控制。这种策略不仅能提升系统的适应能力,还能有效应对复杂的网络环境和多变的用户需求。通过实时监控和调整权限,系统可以在保障安全的同时,提高用户的操作效率。

细粒度访问控制技术的应用在满足不同用户的安全需求方面表现出色。相比传统的粗粒度控制,细粒度控制允许对特定数据集或数据字段进行精准的权限设置。区块链的去中心化特性使这种技术尤为适用,通过智能合约可以实现灵活的权限分配。这样,科技信息化管理系统能够为不同的用户群体提供定制化的权限,确保每位用户在合法范围内获取所需信息。

访问控制审计机制的建立是提升数据安全性的重要保障。通过区块链技术,系统可以记录和监控用户的访问行为,任何异常活动都能被及时发现并处理。区块链的不可篡改性确保了审计日志的可靠性,这有助于后续的安全分析和问题追踪。定期的审计和监控不仅能预防潜在的安全威胁,还能为系统的安全策略提供持续的改进建议。

三、区块链技术在科研数据共享与协作中的应用

(一)数据共享协议

数据共享协议不仅定义了数据共享的基本框架,还确保了数据在各个参与方之间的透明性和可访问性。这种透明性是促进知识传播和创新的关键,因为它能有效地减少信息不对称,提高科研合作的效率和质量。在数字化转型的背景下,数据共享协议通过区块链技术的应用,能够提高安全性和信任度。区块链的去中心化特性使数据不可篡改,从而为科研数据的共享提供了坚实的技术保障。

在数据共享协议中,参与方主要包括数据提供者、数据使用者和管理机构。数据提供者负责提供准确和完整的数据,数据使用者则需要遵循协议规定的使用条件,而管理机构则负责监督和维护数据共享的全过程。各方的权利和义务需要在协议中明确规定,以确保数据共享的顺利进行。区块链技术在此过程中可以提供智能合约功能,自动执行协议条款,减少人为干预和潜在的纠纷。

数据共享协议的内容设计应包括数据的分类、使用限制和共享条件,以确保数据使用的合规性和安全性。在协议中,数据分类有助于明确不同数据的敏感

程度,从而制定相应的使用限制和共享条件。使用限制可能涉及数据的访问权限、使用目的和时间限制等,而共享条件则需要考虑数据的安全性和保密性。区块链技术通过其加密机制,能够有效保障数据的安全传输和存储。

实施数据共享协议的流程通常涵盖数据共享的申请、审批和监督。申请阶段需要明确数据共享的目的和范围,审批阶段则需要对申请的合理性和合规性进行评估,而监督阶段则需要确保数据在共享过程中的合理流通和使用。区块链技术在实施流程中可以提供分布式账本功能,记录所有的申请和审批过程,确保流程的透明和可追溯。

(二)去中心化协作平台

去中心化协作平台是基于区块链技术的一种创新模式,其基本定义强调通过去中心化的网络架构,实现多方参与者之间的直接合作,消除对传统中介机构的依赖。这种平台的核心在于通过分布式账本技术,使所有参与者能够在无须信任第三方的情况下,安全地进行数据交换和信息共享。去中心化的特性不仅提升了系统的透明度和安全性,还减少了中介机构带来的额外成本和操作复杂性。

去中心化协作平台大幅度增加了数据的透明度和信任度。区块链的不可篡改性确保了所有参与者对信息的访问和修改都具有相同的权限,消除了信息不对称带来的风险。每一个数据更新都将记录在区块链上,所有参与者都能追溯和验证数据的来源和变更历史。这种透明度有效地提高了各方对数据的信任,为科研合作奠定了更加可靠的基础。

去中心化协作平台支持实时数据共享与更新,促进了各方在项目进展中的协同工作,从而提高了整体效率。通过区块链技术,各参与者可以实时获取项目的最新进展信息,确保所有决策都基于最新的数据。这种实时性不仅加快了项目的推进速度,也提升了各方的协作能力,使科研项目能够更快地适应变化的需求和挑战。

去中心化协作平台的安全性设计是其成功的关键,其通过加密和身份验证技术,保护了参与者的数据隐私和系统完整性。区块链的加密机制确保了数据在传输和存储过程中的安全性,而身份验证技术则防止了未经授权的访问和操作。这些安全措施不仅保护了参与者的敏感信息,还维护了整个系统的稳定性和可靠性,为去中心化协作平台的应用奠定了坚实的基础。

四、区块链技术在知识产权管理中的应用

(一)知识产权登记

知识产权登记作为知识产权管理的基础环节,其信息的安全性和可信度至关重要。区块链技术通过其独特的不可篡改性,确保了登记信息的完整性和安全性。每一项知识产权的登记信息在区块链上都被加密存储,任何试图篡改的行为都会被检测到并阻止,这种特性极大地提升了数据的可信度。

智能合约的引入使知识产权登记流程得以自动化。通过预先设定的规则,智能合约能够在满足条件时自动执行相关操作,从而提高了登记效率。这种自动化流程不仅减少了人工干预的必要性,也降低了人为错误的发生率。登记过程的简化和效率的提高,使知识产权登记变得更加便捷和高效,为权利人提供了更为流畅的服务体验。

区块链的去中心化特性也为知识产权登记的信息共享与合作提供了新的可能。登记信息在区块链平台上对所有相关方透明可见,任何一方都可以实时查看和验证信息的真实性。这种透明性促进了各方之间的信息共享与合作,减少了信息不对称所带来的摩擦与误解。通过区块链平台,权利人、使用者与管理机构之间的交互得到了极大的简化,沟通成本也因此降低。

多方参与是区块链技术在知识产权登记中的另一大优势。传统的知识产权登记往往涉及多个环节和机构,流程烦琐且容易出现沟通不畅的问题。区块链技术通过其分布式账本系统,支持多方参与的登记方式,简化了各方之间的交互与沟通。这种模式不仅提高了登记的效率,也提升了各方对登记信息的信任度和接受度。

(二)权利追踪与监控

区块链的实时性使权利人能够在任何时刻获取关于其作品使用情况的最新信息,确保其权利不被侵犯。通过区块链系统,知识产权的每一次使用和授权都被精确追踪,这得益于智能合约的自动执行功能。智能合约能够在预设条件满足时自动执行相关条款,减少了人为干预带来的不确定性和潜在风险,从而提高了知识产权管理的效率和可靠性。

区块链技术的不可篡改性为知识产权的管理提供了重要保障。每一笔交易和使用记录都被永久地记录在区块链上,无法被篡改。这种特性不仅增加了知识产权使用记录的透明性,还为权利人在进行证据收集和维权时提供了有力的支持。通过这种方式,权利人能够更有效地应对侵权行为,并在法律诉讼中提供可靠的证据,从而维护自身的合法权益。

区块链技术还促进了知识产权管理中多方参与者之间的协作。权利追踪系统可以集成来自权利人、使用者和监管机构的多方信息,形成一个共享的、透明的信息平台。这种集成化的信息共享机制不仅提高了各方的沟通效率,还促进了合作,确保了知识产权的合理使用和管理。通过这种方式,各方参与者能够实时了解知识产权的使用状态,及时解决可能出现的问题,从而确保市场的有序运行。

区块链技术在知识产权监控中的应用还具有跨国界的优势。由于区块链的去中心化和分布式特性,知识产权的监控和管理可以突破地域限制,实现全球范围内的有效管理。这种跨国界的监控能力确保了知识产权在国际市场中的合规性和安全性,保护了权利人的全球利益。通过区块链技术,知识产权的跨国保护变得更加高效和可靠。

参考文献

[1]郭鹏然,刘青,姜正荣.现代信息技术管理与创新应用研究[M].哈尔滨:哈尔滨出版社,2024.

[2]李先吉,李果.数字化之路[M].长沙:湖南人民出版社,2023.

[3]张浩,汪士奇,陆海玲.科技管理实践与创新[M].长春:吉林科学技术出版社,2023.

[4]胡兴民,杨芳莉.企业数字化转型:拥抱变化与优势再造[M].北京:中国经济出版社,2023.

[5]李燕,林卫华,杨春明,等.信息科技风险管理:合规管理、技术防控与数字化[M].北京:机械工业出版社,2023.

[6]萧达人.企业风险管理数字化转型:方法论与实践[M].北京:机械工业出版社,2023.

[7]李践.数字化飞轮:成就用户,实现企业指数级增长[M].北京:中信出版社,2022.

[8]李海威,罗亮,林珠,等.科技管理智能化探索[M].广州:华南理工大学出版社,2023.

[9]王光鑫,刘思洁.数字化转型实战指南[M].北京:机械工业出版社,2022.

[10]车品觉.数循环:数字化转型的核心布局[M].北京:北京联合出版公司,2021.

[11]洪昆,李宇,王卓,等.科技项目信息化管理模式研究[M].昆明:云南科技出版社,2019.